Herausgegeben von Bernhard Schön
und Bernd Gottwald

Zu diesem Buch

Von Kopf bis Fuß, meistens lebhaft und laut, manchmal aber auch etwas leiser: Kleine Kinder bewegen sich ständig und hören gern Musik. Kein Wunder, dass ihnen beim «Schubidua»- oder dem «Babalu-Tanz», beim «Schlangenlied» oder dem «Flummiball» der Rhythmus in Zehen, Füße, Beine, Finger, Hände und den Kopf geht. Wolfgang Hering ist Mitglied der bekannten Kindermusikgruppe Trio Kunterbunt, die bei ihren Auftritten für große Begeisterung bei kleinen und großen Zuhörern sorgt. Die Stimmung aus den Live-Auftritten kommt auch in den über 40 Liedern mit ausführlichen Anleitungen und liebevollen Zeichnungen rüber. So können Eltern und Erzieherinnen leicht mit den Kindern viele lustige Spielideen ausprobieren. Und wer die Musik «richtig» hören will, der kann sich die beiden Kassetten/CDs – produziert gemeinsam mit Bernd Meyerholz – von der «Deutschen Grammophon» besorgen, die es unter den Titeln «Klitzekleine Riesen» (ab 2 Jahren, MC 445781-4; CD 445781-2) und «Riesengroße Zwerge» (ab 4 Jahren, MC 445782-4; CD 445782-2) in jedem guten Musik- und Buchgeschäft gibt.

Wolfgang Hering

Bewegungslieder für Kinder

*Spielideen • Hüpflieder • Action-Songs
Mit Zeichnungen von Evelin Ostermann*

Rowohlt Taschenbuch Verlag

rororo Mit Kindern leben
und
die **Deutsche Liga für das Kind**
Partnerschaft für Eltern, Kinder und Familie

2. Auflage Januar 2005

Überarbeitete Neuausgabe
von rororo 19681
Veröffentlicht im Rowohlt Taschenbuch Verlag,
Reinbek bei Hamburg, September 2002
Copyright © 1994 by Rowohlt Taschenbuch Verlag
GmbH, Reinbek bei Hamburg
Redaktion Bernhard Schön
Umschlaggestaltung any.way, Barbara Hanke/
Cordula Schmidt
Foto (Titel) Photonica/Ryuichi Sato,
(Illustration Rückseite) Evelyn Ostermann
Reihengestaltung Christine Lohmann
Layout Indra Kupferschmid
Satz Photina und Meta PostScript
Druck und Bindung Clausen & Bosse, Leck
Printed in Germany
ISBN 3 499 61701 3

Inhalt

KAPITEL 1 | *Von Kopf bis Fuß* 8

    Hallo, guten Morgen 10
    Keine Kunst 13
    Kopf und Schulter 16
    Zehn kleine Zappelmänner 18
    Meine Hände sind verschwunden 20
    Ein Finger, ein Daumen 22
    Spiel der Hände 24
    Hört mal 28
    Schubidua-Tanz 30

KAPITEL 2 | *Alle meine Tiere* 34

    Die kleine und die große Ente 36
    Die kleine freche Spinne 38
    Zwei lange Schlangen 40
    Du, komm zu mir 44
    Lied der Frösche 46
    Schmetterling, du kleines Ding 50
    Ein kleines graues Eselchen 52
    Das Taubenhaus 54

KAPITEL 3 | *Es dreht sich und bewegt sich* 56

    Schaukeln auf dem Meer 58
    Eisenbahn, Eisenbahn 60
    Die Pepperbillies 64
    Ich flieg mit meinem Flugzeug 66
    Fahren, fahren, fahren 68
    Die Waschmaschine läuft 70
    Mein kleiner Flummiball 72

Kapitel 4 | Quatsch mit Soße 74

Aram sam sam 76
Oh heppo di taja he 78
Ich ging zum Doktor Wulle 80
Hörst du die Regenwürmer husten 82
Mein Hut, der hat drei Ecken 84
Der Kakadu 86
Das Tickitackitucki-Häuschen 88

Kapitel 5 | Langsam und leise 90

Zaubermeister Zarobald 92
Leise, wie die Kätzchen schleichen 94
Nimm den Hut 95
Babalu-Tanz 96
Im Keller ist es duster 97
Die kleinen Marionetten 98
Zug der kleinen Schnecken 102

Kapitel 6 | Lebhaft und manchmal etwas lauter 104

Komm, wir spielen 106
Sternenfänger 109
Die kleine Hexe 112
Auf der grünen Wiese 114
Wir tanzen im grünen Gras 116
Cowboy Bill 118
Katz und Maus 120
Hoch am Himmel 122
Wir wollen heute Schlitten fahren 124

Kapitel 7 | Bewegung und Musik 126

Zur Bedeutung von Liedern in der rhythmisch-musikalischen Erziehung 128

Literaturauswahl 139
Alphabetisches Register der Lieder 141

KAPITEL 1 | *Von Kopf bis Fuß*

Hallo, guten Morgen

Wolfgang Hering

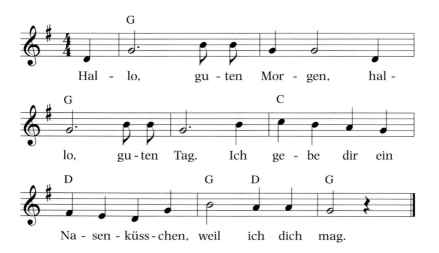

Hallo, liebe/lieber (Name einsetzen),
hallo, guten Tag.
Ich gebe dir ein Nasenküsschen (Ohren-,
Fingerküsschen ...),
weil ich dich mag.

Hallo, guten Morgen,
hallo, guten Tag.
Ich klatsche so in meine (deine) Hände,
wie ich es mag.

... Ich klopfe so auf meine (deine) Schultern,
wie ich es mag.

Von Kopf bis Fuß

Tipp 1:
mit Kleinkindern

Auf dem Wickeltisch, im Bett oder auf dem Arm können Sie das Kind am Morgen mit dem Lied begrüßen (1. Strophe). Beim Nasenküsschen berühren sich große und kleine Nase.

Tipp 2

Es gibt auch Schmetterlingsküsschen (die Augenwimpern berühren sich), oder es kommen die Ohren, der Arm, die Finger oder eine Wange dran. Sie können natürlich auch ein richtiges Küsschen auf die Nase oder die Ohren geben.

Tipp 3

Die Kindergruppe steht im Kreis. Die dritte Strophe (Klatschen) wird vorgestellt, und jedes Kind denkt sich der Reihe nach eine eigene Strophe aus. Dabei werden die ersten beiden Zeilen von allen gesungen, und dann kommt jeweils etwas Neues, z. B. «Ich stampfe so mit meinen Füßen, wie ich es mag», «Ich reibe so auf meinem Bauch, wie ich es mag», «Ich hüpfe so auf einem Bein ...» etc.
Die gesamte Strophe wird von allen wiederholt.

Tipp 4

In der Gruppe denkt sich jeweils ein Partner für die dritte Zeile andere Bewegungen aus, z. B. «Ich klatsche so in deine Hände, wie ich es mag ...», «Ich patsche so auf deine Knie ...», «Ich hüpfe so hoch in den Himmel ...» (und dabei die anderen Hände berühren), «Ich dreh dich um auf einer Stelle ...», «Ich kitzle dich unter den Armen ...», «Ich taste deine Fingerspitzen ...» etc. Dabei sitzen oder stehen sich die Partner gegenüber (z. B. Innen- und Außenkreis, zwei Reihen, im Raum verteilt). Am besten wird vorher festgelegt, wer die Bewegungen führt und wer sie ausführt (z. B. Außenkreis führt, Innenkreis lässt alles mit sich machen). Die vorgeschlagene Version wird von allen mit den entsprechenden Bewegungen wiederholt.

Keine Kunst

mündlich überliefert

Hände schütteln,
Hände schütteln
ist gar keine Kunst.
Rechte Hand schütteln,
linke Hand schütteln,
rechte Hand, linke Hand,
beide Hände schütteln.

Schulter klopfen,
Schulter klopfen
ist gar keine Kunst.
Rechte Schulter klopfen,
linke Schulter klopfen,
rechte Schulter, linke Schulter,
beide Schultern klopfen.

Knie kitzeln, Knie kitzeln
ist gar keine Kunst.
Rechtes Knie kitzeln, linkes Knie kitzeln,
rechtes Knie, linkes Knie,
beide Knie kitzeln.

Finger wackeln, Finger wackeln
ist gar keine Kunst.
Rechte Finger wackeln, linke Finger wackeln,
rechte Finger, linke Finger
alle Finger wackeln.

Nase rümpfen, Nase rümpfen
ist gar keine Kunst.
Rechte Seite rümpfen, linke
Seite rümpfen,
rechte Seite, linke Seite,
beide Seiten rümpfen.

Tipp 1:
mit Kleinkindern

Sie führen mit dem Kind die Spielanweisungen durch. Einfache Bewegungen, die links und rechts möglich sind, werden abwechselnd, dem Text entsprechend, ausgeführt. Der Schlussteil wird textlich jeweils angepasst. Wenn es nur zwei Körperteile gibt, heißt es «beide». Wenn es mehr gibt, wird «alle» verwendet; beim Kopf oder anderen Teilen, die nur einmal existieren, werden die verschiedenen Seiten angezeigt.

Tipp 2

Einer führt vor, und die Gruppe macht direkt mit. Der Schwierigkeitsgrad der Bewegungen wird gesteigert, z. B. Finger schnipsen, Ohren ziehen, Füße treten, Schinken klopfen, Arme zappeln. Auf Zuruf entstehen neue Strophen.

Von Kopf bis Fuß

Tipp 3

Das Lied kann in verschiedenen Varianten als Partnerspiel gestaltet werden. Nach mehreren Durchgängen suchen sich alle einen neuen Partner. So kann z. B. die Gruppe zusammengesetzt sein:
- Ein Außen- und ein Innenkreis. Die Partner wechseln, indem der Innenkreis einen Platz weiterrückt.
- Zwei Reihen stehen sich gegenüber. Der «Kopf» einer Reihe hängt sich beim Wechseln wieder hinten an.
- Die Partner stehen im Raum verteilt. Auf Zuruf entstehen neue Strophen.

Tipp 4

Es wird festgelegt, wer von den Partnern führt und wer (wie eine Spielpuppe oder ein Roboter) geführt wird.

Tipp 5

Das Lied wird in einer Putzversion durchgespielt: Hände waschen, Zähne putzen, Haare kämmen …

Kopf und Schulter

trad. (England)

Kopf und Schul-ter, Knie und Fuß, Knie und Fuß.
Kopf und Schul-ter, Knie und Fuß, Knie und
Fuß. Und Au-gen, Oh-ren, Na-se, Mund.
Kopf und Schul-ter, Knie und Fuß, Knie und Fuß.

Das Lied ist die deutsche Version des englischen «Head and Shoulder».

1 | 2 | 3 | 4 | 5 | 6 | 7   Von Kopf bis Fuß

Tipp 1:
mit Kleinkindern

Das Kind sitzt mit Blickrichtung nach vorne auf dem Schoß. Die Erwachsene führt die Hand des Kindes und lenkt seine Bewegungen beim Singen. Dabei deuten die Hände in Richtung der jeweiligen Körperteile. Erst ganz langsam und dann etwas schneller probieren.

Tipp 2

Die angesprochenen Körperteile werden leicht berührt. Immer schneller, bis alles durcheinander geht.

Tipp 3

Ein Körperteil wird beim Singen jeweils weggelassen, zuerst der «Kopf». Die Bewegungen werden aber weiter ausgeführt, bis zum Schluss ein lautloser «Bewegungschor» entsteht.

Tipp 4

Neue Gegenstände, die im Raum zu sehen sind, werden benannt und, angelehnt an das Original, als Text zusammengestellt. Dann wird die Melodie gesungen, und eine Hand zeigt die Richtung auf den jeweiligen Gegenstand an. Ein neuer Text kann z. B. lauten:
«Stuhl und Decke, Tisch und Tür, Tisch und Tür.
Fenster, Lampe, Boden, Schrank, Stuhl und Decke, Tisch und Tür, Tisch und Tür.»

Zehn kleine Zappelmänner

mündlich überliefert

Zehn klei-ne Zap-pel-män-ner zap-peln hin und her.

Zehn klei-nen Zap-pel-män-nern fällt das gar nicht schwer.

Zehn kleine Zappelmänner
zappeln auf und nieder.
Zehn kleine Zappelmänner
tun das immer wieder.

Zehn kleine Zappelmänner
zappeln ringsherum.
Zehn kleine Zappelmänner
sind ja gar nicht dumm.

Zehn kleine Zappelmänner
kriechen ins Versteck.
Zehn kleine Zappelmänner
sind auf einmal weg.

Zehn kleine Zappelmänner
rufen laut «Hurra».
Zehn kleine Zappelmänner
sind dann wieder da.

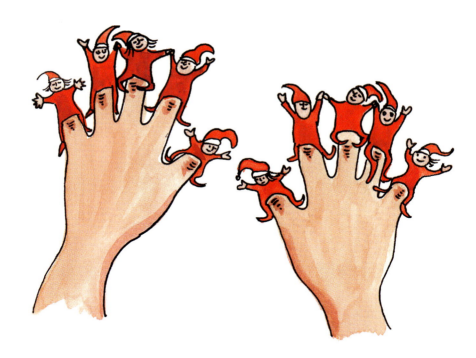

Tipp 1:
mit Kleinkindern
Die Zappelgeschichte wird mit den Fingern vorgestellt. Dabei versuchen Sie, das Kind zum Mitmachen anzuregen. Wenn Sie die Geduld nicht verlieren und es mehrmals probieren, wird das Kleine bald die Bewegungen ausführen.

Tipp 2
Fünf Kinder übernehmen jeweils die Darstellung einer Strophe. Alle rufen zum Schluss «Hurra», und die Zappelmänner sind wieder da.
Sie können auch mit der Gruppe alle Bewegungen zusammen ausführen.

Meine Hände sind verschwunden

mündlich überliefert

Meine Nase ist verschwunden,
ich habe keine Nase mehr.
Ei, da ist die Nase wieder!
Tralalala la la la.

Meine Augen sind verschwunden,
ich habe keine Augen mehr.
Ei, da sind die Augen wieder!
Tralalala la la la.

Meine Ohren sind verschwunden ...

Meine Finger sind verschwunden ...

Mein Mund,
der ist verschwunden ...

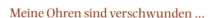

Von Kopf bis Fuß

Dies ist eines der bekanntesten Bewegungslieder, das insbesondere bei den ganz Kleinen sehr gut ankommt.

**Tipp 1:
mit Kleinkindern**

Das Lied lässt sich sehr schön beim Anziehen anstimmen. Die jeweiligen Körperteile, die im Pullover oder in der Hose verschwunden sind, werden besungen. Dann tauchen sie beim «Ei, da …» wieder auf.

Tipp 2

Im Kreis wird das Lied gesungen. Danach denken sich die Kinder eigene Strophen aus.

Tipp 3

Das Lied wird als «Versteckspiel» gesungen: «Der (Name einsetzen) ist verschwunden, ich habe keine(n) (Name) mehr. Ei, da ist der (Name) wieder! Tralalala la la la.»

Ein Finger, ein Daumen
trad./Robert Metcalf

Ein Finger, ein Daumen, ein Arm bewegt sich!
Ein Finger, ein Daumen, ein Arm bewegt sich!
Ein Finger, ein Daumen, ein Arm bewegt sich!
Der Tag geht schneller vorbei.

Ein Finger, ein Daumen, ein Arm, ein Bein bewegt sich!
Ein Finger, ein Daumen, ein Arm, ein Bein bewegt sich!
Ein Finger, ein Daumen, ein Arm, ein Bein bewegt sich!
Der Tag geht schneller vorbei.

1 | 2 | 3 | 4 | 5 | 6 | 7   Von Kopf bis Fuß

Ein Finger, ein Daumen, ein Arm, ein Bein und auch der Kopf bewegt sich!

Ein Finger, ein Daumen, ein Arm, ein Bein und auch der Kopf bewegt sich!
Ein Finger, ein Daumen, ein Arm, ein Bein und auch der Kopf bewegt sich!
Der Tag geht schneller vorbei.

Ein Finger, ein Daumen, ein Arm, ein Bein und auch der Kopf.
Steh auf! Setz dich! Beweg dich!! (dreimal)
Der Tag geht schneller vorbei.

Dieser Song – eine Übertragung des englischen Spielliedes «One finger, one thumb keep moving» – ist rhythmisch nicht ganz leicht. Deshalb ist der Rhythmus der Silben über dem Text der dritten Strophe notiert. Aufpassen: In der letzten Strophe heißt es: «Beweg dich!»

Tipp 1

Alle sitzen auf Stühlen oder auf dem Boden. Die Bewegungen werden langsam vorgestellt, und die Kinder steigen mit ein. Es geht mit Fingern und Daumen los, dann kommen Arme und Beine und schließlich das Aufstehen und Hinsetzen hinzu. Bei jeder neuen Strophe werden also Bewegungen «angehängt». Die letzte Zeile dient zum kurzen Ausruhen.

Tipp 2

Das Tempo steigert sich. Die fünfte Strophe wird schließlich so schnell, wie es geht, durchgespielt.

Spiel der Hände

Text: Wolfgang Hering
Musik: Bernd Meyerholz

Die Hän-de ha-ben sich ver-steckt und las-sen sich nicht

bli-cken._ Sie sit-zen noch ganz un-auf-fäl-lig

hin-ten tief im Rü-cken._ Ei-ne Hand kommt

lang-sam raus und fängt an, sich zu dre-hen,_

und winkt dann kräf-tig al-len zu, hal-lo könnt ihr mich

se-hen, könnt ihr mich se-hen._

1 | 2 | 3 | 4 | 5 | 6 | 7 Von Kopf bis Fuß

Dann kommt die andre Hand heraus,
jetzt sieht man alle beide.
Ganz leicht berühren sie sich dann
und reiben sich vor Freude.
Wie durch ein Wunder gehn sie hoch,
der Wind, der macht sie munter.
Als bunte Blätter schweben sie
und fallen langsam runter,
langsam runter.

Die Hände gehen nun zum Kopf,
bis sie zum Ohr gelangen.
Sie ziehen einmal kurz daran,
betasten sanft die Wangen.
Sie fühlen plötzlich eine Wand,
für alle nicht zu sehen,
versuchen an der Wand entlang
ganz sacht ein Stück zu gehen,
ein Stück zu gehen.

Die Hände klatschen sehr, sehr zart
und mischen ein paar Karten.
Sie malen in die Luft ein Haus
mit Bäumen drin im Garten.
Sie legen sich noch auf das Herz,
dann schwingen beide Hände,
wie Scheibenwischer hin und her,
so lange, bis zum Ende,
bis zum Ende.

Von Kopf bis Fuß

Die Harmonien zu diesem eher leisen Bewegungslied sind etwas ungewöhnlich. Die Melodie fängt tief an und steigt dann immer höher. Erwachsene singen das Lied vor, und die Kinder versuchen, mit ihren Händen die Spielanregungen direkt umzusetzen. Zunächst wird der Bewegungsablauf vorgestellt. Wenn die Melodie erst mal zu schwierig ist, kann der Text auch gesprochen werden. Lassen Sie am Ende der Strophe ausreichend Zeit, damit die jeweilige Bewegung ausgespielt werden kann. Am Anfang kommen die Hände auf den Rücken. Dann taucht die erste Hand auf und setzt sich in Szene. Die andere Hand kommt in der zweiten Strophe hinzu. Am Schluss bewegen sie sich beide als Scheibenwischer.

Hört mal

Text / Musik: trad./Trio Kunterbunt
(Bernhard Hering / Wolfgang Hering /
Bernd Meyerholz)

Hört mal, ich klatsch euch was vor: Und noch-mal, dann geht das ins Ohr: Hört her und klatscht ein-fach mit: Ich glaub fast, das wird mal ein Hit: whow!

Hört mal, ich pfeif …

Hört mal, ich schnalz …

Hört mal, ich grunz …

Hört mal, ich knatsch …

Hört mal, ich nies … (Hatschi)

Hört mal, ich mach euch was vor …
Schluss:
… ich glaub fast, das ist unser Hit: whow!

1 | 2 | 3 | 4 | 5 | 6 | 7 Von Kopf bis Fuß

Es handelt sich um eine Übertragung des amerikanischen Bewegungsliedes «Come on and join into the game».

In unserer Version wird jeweils ein Geräusch vorgemacht. Beim zweiten und dritten Mal in der Pause können die Kinder einsteigen und mitmachen. Neben Klanggesten (Klatschen, Patschen, Stampfen) können auch alle möglichen Laute hervorgebracht werden. Einfache Tierstimmen sind leicht zu imitieren. Jeweils am Anfang der Zeilen «Hört mal...», «Und nochmal...» und «Hört her...» legen die Kinder die Hand hinter das Ohr oder machen eine andere passende Bewegung.
Zum Schluss heißt es immer «whooowww», so ähnlich wie ein Publikum ruft, wenn der große Star auf die Bühne kommt!

Schubidua-Tanz

Text / Musik: Trio Kunterbunt
(Bernhard Hering / Wolfgang Hering /
Bernd Meyerholz)

Die klei-nen Fin-ger tan-zen den Schu-bi-du-a-Tanz,

Schu-bi-du-a-Tanz, Schu-bi-du-a-Tanz. Die

klei-nen Fin-ger tan-zen den Schu-bi-du-a-Tanz,

Schu-bi du-bi du-bi du-a. Ver-beu-gen sich nach al-len

Sei-ten höf-lich vor all den Leu-ten.

Schu-bi du-bi du-bi du-bi dub du-bi du-bi du-bi

Schu-bi du-bi du-bi du-a.

Von Kopf bis Fuß

Die dicken Daumen tanzen den Schubidua-Tanz ...
... zeigen sich noch paar Sekunden
und sind dann ganz verschwunden ...

Die schweren Schultern tanzen den Schubidua-Tanz ...
... schütteln sich vor Vergnügen
und bleiben dann müde liegen ...

Die Ellenbogen tanzen den Schubidua-Tanz ...
... da werden die Ellenbogen
ganz weit nach außen gezogen ...

Die flinken Füße tanzen den Schubidua-Tanz …
… und aufstehn, da bleibt keiner sitzen,
alle tanzen auf Zehenspitzen …

Die heißen Hüften tanzen den Schubidua-Tanz …
… auf elegante Weise drehn sie sich im Kreise …

Der ganze Körper tanzt den
Schubidua-Tanz …
… lässt sich mit Luft voll laufen
und darf endlich verschnaufen …

Schubi dubi dubi dubi dub dubi dubi dubi,
Schubi dubi dubi duaaaa. (zweimal)

1 | 2 | 3 | 4 | 5 | 6 | 7   Von Kopf bis Fuß

Im Kinderkonzert ist der Schubidua-Tanz meist eine sichere Nummer, denn alle – ob groß oder klein – haben die Möglichkeit, die Bewegungsaufforderungen direkt mitzumachen. Es geht ganz unscheinbar mit den kleinen Fingern los, bis schließlich der ganze Körper sich bewegt. Aufpassen: Die Auflösungszeichen in der Melodie gelten nur für den jeweiligen Takt.

Tipp 1:
mit Kleinkindern
Sie setzen die jeweiligen angesprochenen Körperteile beim Kind im Rhythmus des Liedes in Bewegungen um: Finger, Daumen, Schultern, Ellenbogen, Füße, Hüften (ganz sanft) und schließlich den Körper (z. B. zusammen tanzen).

Tipp 2
Ältere Kinder verstecken die Hände erst auf dem Rücken. Dann tauchen die kleinen Finger auf und tanzen immer abwechselnd den Schubidua-Tanz. Im zweiten Teil der Strophe klettern sie dann Stück für Stück nach oben, bis es nicht mehr weitergeht. Dann tanzen Daumen, Schultern und Ellenbogen mit. In der Strophe mit den flinken Füßen stehen alle auf, bis die Hüften wackeln und schließlich der ganze Körper mitmacht.

Kapitel 2 | *Alle meine Tiere*

Die kleine und die große Ente

mündlich überliefert

Es waren einmal eine große und eine kleine Ente, die schwammen zusammen auf einem riesigen, riesigen Teich. Eines Tages nun sprach die große Ente zu der kleinen Ente: Dass du mir aber nie alleine auf den riesigen, riesigen Teich rausschwimmst, denn sonst kommt der große Fisch mit dem breiten Maul, schnappt zu und frisst dich kleine Ente auf.

Als nun die große Ente einmal zum Einkaufen nach (Einkaufsort einsetzen) schwimmen musste, da war die kleine Ente ganz alleine auf dem riesigen, riesigen Teich.

Und was meint ihr wohl, was sie getan hat? Ja, sie ist hinausgeschwommen. Wer kam da?

Da kam der große Fisch mit dem breiten Maul, schnappte zu und fraß die kleine Ente auf. Als nun am frühen Abend die große Ente vom Einkauf aus (Ort siehe oben) zurückgeschwommen war und die kleine Ente nicht gefunden hatte, da fing sie ganz fürchterlich an zu weinen: huhu, huhu, huhuh! Und sie begann die kleine Ente zu suchen: Sie suchte hier und da und da und da, aber sie konnte die kleine Ente nicht finden.

Alle meine Tiere

Sie suchte einen Tag, zwei Tage, drei Tage, vier Tage ... zehn Tage, bis sie plötzlich auf dem riesigen, riesigen Teich etwas sah. Da war nämlich ein großer Fisch mit einem breiten Maul, und der musste plötzlich ganz fürchterlich gähnen: uuuuuaaaahh!

Und da ist die kleine Ente ganz schnell aus dem Maul des großen Fisches herausgeschwommen, denn sie war noch putzmunter. Und jetzt können die große und die kleine Ente wieder zusammen auf dem riesigen, riesigen Teich schwimmen und sich dabei unterhalten.

Und das geht so:
Schnatter schnatter schnatter schnatter schnatter ...

Große Ente – kleine Ente

Der große Fisch

Die Geschichte wird mit den Händen dargestellt. Bei der großen Ente klappt eine Hand (Daumen und die restlichen vier Finger) weit auf und zu. Die andere Hand (kleine Ente) macht mit Daumen und Zeigefinger ganz winzige Bewegungen. Der große Fisch wird mit den ausgebreiteten Armen (einen in die Luft nach oben, einen zum Boden hin strecken) dargestellt. Beim Zuschnappen klatschen die Hände vor der Brust aufeinander. Wenn die große Ente zum Einkaufen schwimmt, versteckt sich die Hand hinter dem Rücken. Das Weinen und Gähnen muss natürlich ganz echt aussehen.

Die kleine freche Spinne

mündlich überliefert

Hoch oben in der Regenrinne
sitzt unsre kleine freche Spinne.
Hi, hi, so lacht sie munter,
ich komm zu dir hinunter.
Kommt der Wind und schaukelt dann
unsre kleine Spinne an,
doch die kleine freche Spinne
zieht sich hoch zur Regenrinne.
Oh la la, da seh ich ja:
Nachbars Hand ist auch schon da.
Hi, hi, so lacht sie munter,
ich komm zu dir hinunter.
Krabbelt her und krabbelt hin,
krabbelt unter Nachbars Kinn.
Krabbelt in den Haaren rum,
denn unsre Spinne ist nicht dumm.
Und auf einmal spielt sie Versteck
und ist weg.

Alle sitzen im Kreis nebeneinander, Hände nach vorne gestreckt. Die linke Handfläche zeigt nach oben.

Die Finger der rechten Hand bilden die Spinne, die in der linken Hand hin und her krabbelt. Im zweiten Teil klettert sie beim Nachbarn herum.

Hoch oben …

… Regenrinne …

… der Wind …

Nachbars Hand ist auch schon …

… Nachbars Kinn …

… in den Haaren rum …

… Versteck …

Zwei lange Schlangen

Text: Wolfgang Hering / Bernd Meyerholz
Musik: Wolfgang Hering

Ei-ne klei-ne Schlan-ge wird früh am Mor-gen wach. Sie

rä-kelt sich und streckt sich, sagt freund-lich «Gu - ten Tag»

O - la - la - la   O - la - la - la   kss   kss   kss,

O - la - la - la   O - la - la - la   kss   kss   kss,

Eine kleine …

Refrain: «Olala» zweimal zur Seite bewegen, bei «ksss» dreimal Maul nach vorn aufklappen.

Alle meine Tiere

Eine andre …

Refrain: zweimal links und zweimal rechts mit 3 «Mäulern».

Eine andre Schlange kommt
zufällig vorbei.
Sie sieht die erste Schlange
und ruft ganz einfach «Hei».

Zwei lange Schlangen
schaun sich richtig an,
und jede zeigt, wie schön
sie ihren Kopf bewegen kann.

2 lange Schl…

… schleichen …   … Freunde sein.

Zwei lange Schlangen,
die schleichen querfeldein,
und beide beschließen,
komm, lass uns Freunde sein.

... schwimmen ...   ... Kuss geben.

Zwei lange Schlangen,
die schwimmen durch den Fluss
und geben sich am andern Ufer
einen dicken Kuss.

Zwei lange Schlangen,
die schmusen auch ganz gern,
und wenn sie so verschlungen sind,
dann darf man sie nicht störn.

... schmusen ...

Zwei lange Schlangen,
die haben auch mal Streit.
Sie beißen sich und kratzen sich,
so lang, bis eine schreit.

... Streit.

1 | **2** | 3 | 4 | 5 | 6 | 7   Alle meine Tiere

Zwei lange Schlangen,
die schlängeln viel herum,
und wenn sie müde sind, dann drehn
sie sich zum Schlafen um.

Olalala. Olalala, ksss, ksss, ksss.
Olalala. Olalala, pssst, pssst, pssst.

schlängeln

Tipp 1
Die Geschichte wird mit den beiden Armen in Szene gesetzt. Die Hände liegen erst hinter dem Rücken. Zunächst taucht eine Schlange auf und wacht am Morgen auf. Dabei bewegt sich der Kopf der Schlange bei «olala» mit einer kleinen Kreisbewegung zweimal seitlich nach vorne, um dann in der Mitte vor der Brust dreimal zu zischen und dabei das Schlangenmaul aufzusperren. Danach wird die gleiche Bewegung zur anderen Seite ausgeführt. In der zweiten Strophe kommt die andere Schlange hinzu. In den folgenden Refrains bewegen sich beide Köpfe jeweils synchron. Das Lied endet mit einem «Psssst» vor dem Mund.

Tipp 2
Zwei Gruppen stellen die Geschichte in Form von zwei Menschenschlangen dar. Das ist gar nicht so einfach: Wie lässt sich z. B. Schwimmen oder Streiten umsetzen?

Du, komm zu mir

mündlich überliefert

Du, komm zu mir,
dann zeig ich dir,
was ich gefunden hab.
Ein ganz altes Auto,
und das fährt ja noch.

Mist, jetzt ist es weg,
die Hose hat ein Loch!
Mist (psst, psst),
so ein Mist (psst, psst),
dass das Auto aus dem Loch
gefahren ist!

Alle meine Tiere

Du ...   ... zu mir ...   ... dir ...   Regenwurm   ... krabbelt ...

Du, komm zu mir,
dann zeig ich dir,
was ich gefunden hab.
Ein verklebtes Bonbon, und das schmeckt ja noch.
Mist, jetzt ist es weg, die Hose hat ein Loch!
Mist (psst, psst),
so ein Mist (psst, psst),
dass das Bonbon durch das Loch verschwunden ist!

Mist (2 x)   psst (2 x)   ... Loch ...   ... gekrabbelt ist.

Tipp 1
Jeweils ein Pärchen sitzt sich auf Stühlen gegenüber oder spielt das Stück im Stehen. Die Bewegungen der ersten Strophe können von einer Seite, aber auch parallel ausgeführt werden.

Tipp 2
Zweite und dritte Strophe werden gesungen. Welche Bewegungen passen zum alten Auto oder zum verklebten Bonbon? Wer hat eine Idee, was noch alles in einer Hosentasche versteckt sein kann?

Lied der Frösche

mündlich überliefert / Wolfgang Hering

Die Frö-sche-lein, die Frö-sche-lein, die ma-chen gern was vor. Sie hüp-fen um den See her-um und qua-ken laut im Chor. Lus-tig ist es an-zu-sehn, wenn die Frö-sche, quak, quak, wenn die Frö-sche, quak, quak, ins Was-ser gehn.

Alle meine Tiere

Und kommt der Storch, und kommt der Storch,
dann schlüpfen sie ins Moor,
und ist er fort, und ist er fort,
dann hüpfen sie hervor.

Refrain:
Lustig ist es anzusehn,
wenn die Frösche, quak, quak,
wenn die Frösche, quak, quak,
ins Wasser gehn

Und regnet es, und regnet es,
dann macht das großen Spaß.
Sie hüpfen alle hin und her
und werden pitschenass.

Und scheint der Mond,
und scheint der Mond,
dann singen sie im Chor.
Und jeder quakt, so laut er kann,
weit schallt es übers Moor.

Den Text dieses traditionellen Fröscheliedes habe ich etwas freundlicher gestaltet. In der mir bekannt gewordenen Fassung haben die Frösche z. B. keine «Schwänzelein und keine Ohrn».

Tipp 1:
mit Kleinkindern

Kleinkinder können alleine oder mit dem Erwachsenen «um den See herumhüpfen». Es werden dazu die erste Strophe und der Refrain gesungen.

Tipp 2

Das gesamte Lied wird in Szene gesetzt. Die Frösche werden dargestellt, indem die Kinder in die Hocke gehen, dabei die beiden Arme zwischen den Beinen halten und mit den Füßen möglichst froschgemäß abspringen. Bei «quaken laut im Chor» zeigen Finger und Daumen von beiden Händen jeweils ein Froschmaul. Zum Refrain wird zunächst geklatscht und dann bei «quak, quak» besonders hoch gehüpft und dabei gequakt. Zum Schluss wird so getan, als würde man auf der Stelle gehen.

In der zweiten Strophe kommt dann der Storch mit riesengroßen Schritten (oder die Störche) hervor (entweder vorher festlegen oder kurz von allen spielen lassen). Ältere Kinder können das Maul auch mit ausgebreiteten Armen darstellen. Bei der zweiten Zeile verstecken sich die Frösche irgendwo im Moor und machen sich ganz, ganz klein, um dann am Ende der Strophe wieder aus ihrem Versteck herauszuhüpfen.

In der Regenstrophe sind die Finger die Regentropfen, die von oben nach unten herunterfallen. Bei «pitschenass» schlagen alle mit ihren Händen am Körper entlang, als würden sie das Wasser abklopfen.

In der letzten Strophe stellen beide Hände zusammen einen Mond dar. Dann wird nochmals besonders laut gequakt und hoch gehüpft.

Schmetterling, du kleines Ding

mündlich überliefert

Schmet-ter-ling, du klei-nes Ding, such dir ei - ne Tän-ze-rin, ju - hei - ras - sa, ju - hei - ras - sa, oh, wie lus - tig tanzt man da. Lus - tig, lus - tig wie der Wind, wie ein klei - nes Blu-men-kind. Lus-tig, lus-tig wie der Wind, wie ein Blu-men-kind.

Tipp 1

Ein Kind steht in der Kreismitte und tanzt als Schmetterling durch die Welt. Bei der Textstelle «such dir» wählt es sich einen zweiten Schmetterling und tanzt mit dieser «Tänzerin» bei «juheirassa». Dabei klatschen die anderen Kinder und Erwachsenen im Takt dazu.

Tipp 2

Das Lied wird nach dem Schneeballsystem gesungen. Jede Tänzerin sucht sich einen anderen Schmetterling, bis der ganze Kreis tanzt und herumfliegt.

Ein kleines graues Eselchen

mündlich überliefert

Ein kleines graues Eselchen, das trampelt durch die Welt. Es wackelt mit dem Hinterteil, gleich wie es ihm gefällt. I-ah, I-ah, I-ah, I-ah, I-ah.

Ein kleines rotes Vögelchen,
das flattert durch die Welt.
Es macht den Schnabel auf und zu,
gleich wie es ihm gefällt.
Piep, piep …

Zwei kleine grüne Frösche,
die hüpfen durch die Welt.
Sie hüpfen hin und hüpfen her,
wie's ihnen so gefällt.
Quak, quak …

Alle meine Tiere

Drei lahme, lahme Schnecken,
die schleichen durch die Welt.
Sie tragen ihre Häuser rum,
wie's ihnen so gefällt.
Oje, oje ...

Ein paar verrückte Clowns,
die trampeln durch die Welt
und machen ihre Späßchen,
wie's ihnen so gefällt.
Hallo, hallo ...

Tipp 1:
mit Kleinkindern

Es wird nur die erste Strophe gesungen! Sie laufen mit dem Kind als «Eselchen» kreuz und quer herum (1). Kleine Kinder können auf den Schultern getragen werden. Dann bleiben Sie beide stehen und wackeln mit dem Po (2); schließlich rufen alle «Iah, Iah» mit einer Kopfdrehung einmal zur einen und dann zur anderen Seite (3).

Tipp 2

Zunächst wird das Esellied in der Gruppe, wie in Tipp 1 beschrieben, dargestellt. Dann werden Innen-, Mittel-, Außenkreis gebildet – am besten jeweils mit einem Erwachsenen. Das Lied wird als dreistimmiger Kanon gesungen, und die Gruppen setzen entsprechend nacheinander ein. Die Kreise können sich dabei in unterschiedliche Richtungen bewegen.

Tipp 3

Die anderen Strophen werden in Szene gesetzt, und die Kinder denken sich die Bewegungen aus, die zum Text passen.

Das Taubenhaus

Friedrich Fröbel / mündlich überliefert

Wir öffnen jetzt das Taubenhaus, die Täubchen, sie fliegen so froh hinaus, sie fliegen in das weite Feld, wo's ihnen gar so wohl gefällt. Bald kehren sie ein zur süßen Ruh, dann schließen wir wieder das Taubenhaus zu. Bald Taubenhaus zu. Ru ku ku ku, ru ku ku ku.

Dies ist ein Lied von Friedrich Fröbel, der schon am Anfang des letzten Jahrhunderts viele Materialien entwickelt hat, die, durch Spielideen, rhythmische Bewegung, Liedgestaltung und Sprachwitz geprägt, die Gemeinschaft von Kindern unter pädagogischen Zielsetzungen fördern sollten.

Alle meine Tiere

Tipp 1: mit Kleinkindern

Das Kind liegt in Ihren Armen und ist das Täubchen. Dann lassen Sie es nach draußen «fliegen» (mit ausgestreckten Armen an der Hüfte halten) und schließen es wieder in die Arme.

Tipp 2

Es wird ein eng geschlossener Kreis gebildet. Alle fassen sich an den hoch gehobenen Händen (Erwachsene müssen sich entsprechend anpassen). In der Mitte kauern einige Kinder als Täubchen. Im ersten Teil des Liedes geht der Kreis langsam rückwärts, dann flattern die Täubchen mit ihren Flügeln und schlüpfen nach außen durch. Sie fliegen draußen herum, kommen dann wieder in den Kreis, der sich langsam schließt. Die Täubchen singen dann allein das «Ru ku ku ku».

Tipp 3

Die Erwachsenen halten einen großen Fallschirm oder ein entsprechendes Tuch über den Köpfen der Kinder. Sie fangen an, das Lied zu singen, und heben den Fallschirm nach oben. Alle Täubchen fliegen aus. Nach dem ersten Teil gibt es eine Pause, und die Kinder werden zurückgerufen. Dann wird die Textstelle gesungen: «Bald kehren sie ein ...» Wenn alle unter dem Fallschirm sind, schließt sich dieser wieder über den Täubchen.

Kapitel 3 | *Es dreht sich und bewegt sich*

Schaukeln auf dem Meer
Wolfgang Hering

Schau-keln, schau-keln, schau-keln auf dem Meer.

Schau-keln, schau-keln, ein-mal hin und wie-der her.

Schaukeln, schaukeln,
der Wind fängt zu blasen an.
Schaukeln, schaukeln,
er bläst wie ein Orkan.

Schaukeln, schaukeln,
es kehrt jetzt Ruhe ein.
Schaukeln, schaukeln,
wir fahrn in den Hafen hinein.

1 | 2 | **3** | 4 | 5 | 6 | 7 Es dreht sich …

Tipp 1: mit Kleinkindern

Ein Lied zum Einschlafen oder zum Trösten für die ganz Kleinen. Sie halten das Kind im Arm, oder das Lied wird als Kniereiter durchgespielt. Beim Wind kräftig pusten (hilft toll gegen den Schmerz!) – beim Orkan noch stärker! Sie können vor und zurück oder zur Seite oder auch kreuz und quer schaukeln.

Tipp 2:

Im Stehen oder im Sitzen: Alle haken sich ein und wiegen sich im Rhythmus des Liedes. Aufgabe: In der zweiten Strophe langsam schneller werden und in der dritten wieder ganz langsam zum Stillstand kommen. Am Schluss sind alle mucksmäuschenstill. Auch als Ruderboot-Version spielbar (beide Hände packen ein Ruder und dann immer vor und zurück bewegen). Oder alle setzen sich Rücken an Rücken auf den Boden, und das Schaukeln kann losgehen.

Tipp 3

Besonders gut kommt das Lied in der Badewanne an. Da kann schon mal das Wasser überschwappen ...

Eisenbahn, Eisenbahn

Text / Musik: Wolfgang Hering / Bernd Meyerholz – Fidula-Verlag

Ei-sen-bahn, Ei-sen-bahn, vor-wärts fährt die Ei-sen-bahn,

ü - bers Land, ü - bers Land, ü - bers wei - te Land.

Wagen dran, Wagen dran,
hängt noch ein paar Wagen dran.
Türen zu! Türen zu!
Türen lieber zu.

Brücke kommt, Brücke kommt.
Achtung, eine Brücke kommt.
Unten durch! Unten durch!
Wir fahrn unten durch.

1 | 2 | **3** | 4 | 5 | 6 | 7 Es dreht sich …

Bummelzug, Bummelzug,
wir fahrn mit dem Bummelzug.
Langsam geht's! Langsam geht's!
Langsam geht's voran.

Tunnel kommt, Tunnel kommt,
Achtung, jetzt ein Tunnel kommt.
Unten durch! Unten durch!
Wir fahrn unten durch.

Kurve fahrn, Kurve fahrn,
ganz schräg in die Kurve fahrn.
Kurve fahrn! Kurve fahrn!
Mit der Eisenbahn.

Schneller fahrn, schneller fahrn,
schneller fährt die Eisenbahn.
Hundertachtzig fahrn! Hundertachtzig fahrn!
Mit der Eisenbahn.

Hauptbahnhof, Hauptbahnhof,
der Zug fährt in den Hauptbahnhof.
Bis er steht! Bis er steht!
Bis er endlich steht.

Tipp 1:
mit Kleinkindern

Mit einer Spielzeug-Eisenbahn wird das Lied (oder auch nur einzelne Strophen) in Szene gesetzt. Aber aufpassen, dass der Zug beim Schnellerfahren nicht entgleist.

1 | 2 | **3** | 4 | 5 | 6 | 7 Es dreht sich ...

Tipp 2:

Erwachsene und Kinder bilden gemeinsam eine Eisenbahn. Besonders wenn die ganz Kleinen dabei sind, geht es nur mit kleinen Tippelschritten vorwärts. Ein Lokomotivführer ist schnell gefunden. Vielleicht lässt sich eine entsprechende Mütze auftreiben. Brücke, Tunnel und Hauptbahnhof werden von Erwachsenen gespielt. Am Anfang kann nochmal die Luft wie bei einer alten Dampflok rausgelassen werden. Der Zug setzt sich mit mittlerer Geschwindigkeit in Bewegung. Die kleinen Wagen können sich noch hinten dranhängen. Dann wird von zwei Mitwirkenden eine Brücke gebildet. Die Kinder fahren unten durch. Für den Tunnel werden möglichst viele menschliche «Bestandteile» benötigt. Die Eisenbahn sollte erst dann weiterfahren, wenn die Erwachsenen eine lange, dunkle Unterführung gebaut haben. Der Tunnel bleibt bis zum Schluss stehen, falls genügend Mitspieler dabei sind.

Je nach Altersgruppe fährt die Eisenbahn dann schneller. Bei ganz kleinen Kindern vielleicht nur in die Kurve gehen, weil sonst die Eisenbahn ins Trudeln kommt. Der Tunnel wandelt sich am Ende in einen Hauptbahnhof um, in den die Eisenbahn einfährt. Schließlich lassen alle nochmal die Luft heraus.

Tipp 3

Die Kinder bilden die Eisenbahn. Was unterwegs erlebt wird, spielen die Erwachsenen und / oder die Kinder, je nach Gruppenzusammensetzung. Sicher fallen den Kindern noch weitere Strophen ein, z. B. Berg hochfahren (mühsam geht's ...), Zug hält an, Schaffner kommt ...

Tipp 4

Wenn die Gruppe sehr groß ist, können auch zwei oder mehrere Züge gebildet werden, die sich begegnen und am Schluss in den Bahnhof auf mehreren Gleisen einfahren oder in großem Tohuwabohu zusammenstoßen und entgleisen.

Tipp 5

Statt der Eisenbahn kann auch die Straßenbahn, der Omnibus oder die Müllabfuhr mit entsprechend abgewandelten Strophen durch die Gegend fahren.

Die Pepperbillies

Musik: trad (USA)
Text: mündlich überliefert

1. Früh am Morgen, unten bei dem Bahnhof,
2. stehn die kleinen Pepperbillies dort in einer Reihe
3. Kommt der Schaffner, zieht an einem Hebel,
4. macht es: wuuh, wuuh, dsch, dsch, schon sind sie vorbei.

1 | 2 | 3 | 4 | 5 | 6 | 7   Es dreht sich ...

Die «Pepperbillies» sind eine vereinfachte Übertragung des amerikanischen Spielliedes «Down by the station» mit den «Pufferbellies». Von daher wohl auch der etwas ungewöhnliche Name für eine Eisenbahn. Vereinfacht kommt das Lied auch ohne einen Harmoniewechsel aus.

Tipp 1

Erwachsene und Kinder laufen als Eisenbahn kreuz und quer durch die Gegend. Bei «wuuuh, wuuuh» bleiben alle stehen und ziehen dabei mit einer Hand an einem vorgestellten Hebel, der das Pfeifen erzeugt. Danach kommt eine Druckbewegung mit beiden Armen nach vorne, d. h., beide Fäuste schieben sich vor der Brust vorwärts. Danach ruhen sich alle einen Moment aus. Am Anfang des nächsten Durchgangs setzt sich die Eisenbahn wieder in Bewegung.

Tipp 2

Es werden so viele Gruppen gebildet, wie Erwachsene mitmachen. Das Lied wird erst im Sitzen mit Klatschen (einmal Knie, einmal Hände) eingeübt. Pfeifen und Eisenbahngeräusch siehe oben. Dann wird das Lied als Kanon gesungen. Einsatz entweder nach einem Takt (also zweiter, dritter und vierter Takt) oder jeweils nach einer Zeile (nach vier Takten), wie im Notensystem dargestellt.

Tipp 3

Jetzt alles im Laufen probieren! Statt zu klatschen, stampfen die Pepperbillies durch die Gegend. Wenn alles klappt, fahren die Züge ganz unterschiedlich herum, und die Musik passt zusammen.

Ich flieg mit meinem Flugzeug

mündlich überliefert

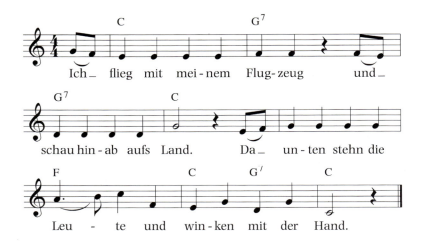

Ich flieg mit meinem Flugzeug und schau hinab aufs Land. Da unten stehn die Leute und winken mit der Hand.

Jetzt flieg ich eine Schleife,
ihr Leute sollt mal sehn.
Ich kann mich ganz im Kreis herum
mit meinem Flugzeug drehn.

1 | 2 | **3** | 4 | 5 | 6 | 7   Es dreht sich ...

Jetzt flieg ich langsam runter
mein Ziel soll
(Name einer Stadt einsetzen) sein.
Da hab ich ein paar Freunde
und bin nicht mehr allein.

Tipp 2
Die Kinder fliegen als Flugzeuge umher, bis zum Schluss alle landen, d. h. in die Knie gehen und in der Hocke zum Stillstand kommen. Es kann auch verabredet werden, dass alle am Schluss in der Mitte des Raumes oder draußen an einer bestimmten Stelle ganz dicht zusammenkommen.

Die Melodie kommt Ihnen vielleicht bekannt vor. Sie stammt aus der Zauberflöte und wird auch in dem Kinderlied «In meinem kleinen Apfel» verwendet. Irgendjemand hat darauf einen eigenen Song getextet, der mittlerweile in vielen Kindergärten und Spielgruppen seine Runden dreht.

Tipp 1: mit Kleinkindern
Setzen Sie das Kind auf Ihre Schultern oder halten Sie es unter dem Arm. Dann einfach losfliegen und die Bewegungen dem Text entsprechend ausführen. Am Schluss kann immer wieder ein neuer Ort gefunden werden.

Tipp 3
Varianten können z. B. sein: Im Tiefflug in die Knie gehen und alles ganz tief singen oder auf den Zehenspitzen über den Wolken schweben und dabei ganz hoch singen. Wenn ein Gewitter auftaucht, geht es turbulenter zu. Segelflugzeuge fliegen ganz lautlos.

Fahren, fahren, fahren
Robert Metcalf

Wir fah-ren, fah-ren, fah-ren, fah-ren, fah-ren. Wir

fah-ren durch die gro-ße wei-te Welt. Wir

fah-ren, fah-ren, fah-ren, fah-ren, fah-ren und

ma-chen im-mer das, was uns ge-fällt.

Lin-ker Blin-ker! (blink blink) Rech-ter Blin-ker! (blink blink)

Schei-ben-wi-scher! (schipp schipp) Schnel-ler! (brumm brumm)

Refrain (jeweils zweimal)
Wir fahren, fahren, fahren, fahren, fahren.

Linkskurve (brumm, brumm),
Rechtskurve (brumm, brumm),
geradeaus.
Schneller! Bremse (iiihh)!

1 | 2 | **3** | 4 | 5 | 6 | 7 Es dreht sich ...

Tipp 1: mit Kleinkindern

Halten Sie mit den Händen des Kindes zusammen das «Lenkrad» eines Autos fest, und los geht die Fahrt, Blickrichtungen nach vorne. Beim Blinken das jeweilige Händchen mit einer kurzen Bewegung zur Seite bewegen, bei Scheibenwischer hin und her winken und beim Bremsen mit dem ganzen Körper nach hinten drücken und laut quietschen.

Tipp 2

Alle steigen pantomimisch in ein Auto ein: Tür öffnen; hinsetzen, anschnallen, Motor anlassen. Im Refrain klatschen die Hände gleichmäßig auf die Oberschenkel. Zur ersten und zweiten Strophe werden die entsprechenden Bewegungen ausgeführt: Bei den Blinkern öffnen sich die Hände, indem Daumen und Finger auf- und zuklappen; die Kurven werden mit dem «Lenkrad» gefahren (Rhythmik der Bewegungen auf die Viertelschläge). Am Schluss wird das Tempo immer langsamer. Schließlich kommt das Auto in einen Stau.

Tipp 3

Weitere Spielmöglichkeiten: hupen, Licht anmachen, rückwärts fahren, langsamer, schneller, über Schlaglöcher fahren, Fenster herunterkurbeln, Radio einstellen etc.

Refrain: Wir fahren …   Scheibenwischer   bremsen

Die Waschmaschine läuft
Wolfgang Hering

Die Wasch-ma-schi-ne, Wasch-ma-schi-ne
Die Wasch-ma-schi-ne, Wasch-ma-schi-ne
läuft, läuft, läuft und bleibt auch manch-mal stehn
läuft, läuft, läuft kann sich auch an-ders
drehn. Schub-di dei, schub-di wupp. Schwupp-di
dib-bel di dib-bel di dupp, Schub-di
dei, schub-di wupp, schwupp di dib-bel di dib-bel di dupp.

1 | 2 | 3 | 4 | 5 | 6 | 7 Es dreht sich ...

Refrain:
Schwubdi dei, schwubdi wupp,
schwupp di dibbel di dibbel di dupp.

Die Waschmaschine, Waschmaschine
läuft, läuft, läuft
und fängt zu schleudern an.
Die Waschmaschine, Waschmaschine
läuft, läuft, läuft.
Puh, wie sie rumwirbeln kann.

Die Waschmaschine, Waschmaschine
steht, steht, steht.
Das Waschprogramm ist aus.
Die Waschmaschine, Waschmaschine
steht, steht, steht,
wir holn die Wäsche raus.

Tipp 1:
mit Kleinkindern
Alle Kinder sehen manchmal der Waschmaschine beim Waschen zu. Mit diesem Lied können sie mit einer eigenen Begleitmusik «mitwaschen». In der ersten Strophe langsam mit einer Hand erst rechts und dann links herumdrehen (ggf. mit Hilfe der Erwachsenen), in der zweiten Strophe schneller werden und alle Hände durcheinander wirbeln. Am Ende der dritten Strophe wird die Wäsche pantomimisch aus der Maschine gezogen. Der Refrain (Schwubdi dei) kann auch einfach weggelassen werden.

Tipp 2
Als Kreisspiel: In der Gruppe halten sich alle an den Händen. Erste Strophe: rechts-, dann linksherum gehen; zweite Strophe: ganz schnell vorwärts drehen und dann wild nach innen und außen ziehen. In der dritten Strophe steht der Kreis, und alle ziehen die Wäsche mit den Händen raus. Im Refrain werden die Bewegungen der Strophe in der gleichen Art und Weise wiederholt.

Tipp 3
Wer will, kann die Wäsche auch noch vorher sortieren, in die Waschmaschine schieben, nachher an der Leine aufhängen und schließlich bügeln.

Mein kleiner Flummiball
Wolfgang Hering

Mein klei-ner, klei-ner, Flum-mi-ball,
der ist aus Gum-mi ü-ber-all.
Erst hüpft er hoch, so hoch er kann.
und kommt fast an den Him-mel ran.

Refrain:
Mein kleiner, kleiner Flummiball,
der ist aus Gummi überall.

Mal hüpft er nur auf einem Fleck,
mal springt er weit zur Seite weg.

Er springt auch manchmal hin und her,
nach vorne, seitlich, kreuz und quer.

Ja, rückwärts hüpft er auch ganz gern
und kann den ganzen Raum durchquern.

1 | 2 | **3** | 4 | 5 | 6 | 7   Es dreht sich ...

Und irgendwann, da ist er schlapp,
dann hebt er kaum mehr richtig ab.

Er hüpft nochmal ganz hoch hinaus,
dann ruht er sich am Boden aus.

Tipp 1:
mit Kleinkindern

Eine Matratze, ein altes Sofa oder ein Bett bietet sich hervorragend an, den Flummi hüpfen zu lassen. An den Händen wird das Kind gehalten, und dann kann es losgehen:
«Mein kleiner, kleiner Flummiball…»
Die Strophen aus dem Stegreif umsetzen. Draußen wird statt «Raum» einfach «Platz» gesungen. Der letzte Refrain wird weggelassen.

Tipp 2

Der «Flummiball» ist gut für das Kinderturnen geeignet. Alle stehen im Kreis. Zum Refrain leicht auf der Stelle gehen (abwechselnd Fersen hoch und runter heben), hüpfen oder mit den Füßen gleichzeitig auf und nieder wippen (ist auf die Dauer anstrengend!). Damit genügend Zeit bleibt, kann der Refrain wiederholt werden. Mit einer neuen Strophe führen die Kinder die entsprechenden Bewegungen aus.

Kapitel 4 | *Quatsch mit Soße*

Aram sam sam

mündlich überliefert

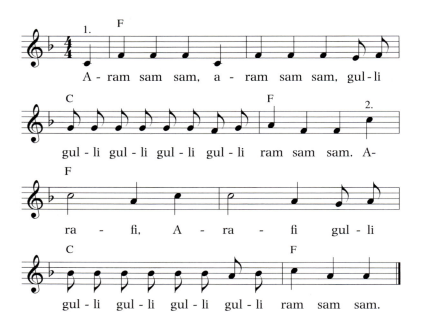

Tipp 1:
mit Kleinkindern

Es werden jeweils zwei Klanggesten als Begleitung zum Lied gespielt: Oberschenkelpatschen und Händeklatschen. Die Erwachsenen singen das Lied. Die Kinder versuchen das Lied mit Patschen und Klatschen zu begleiten.

Vorschlag:

Gezählt wird:	1	2	3	4	1	2	3	4	1	...
Oberschenkelpatschen	x		x		x		x		x	
Händeklatschen		x		x		x		x		

Quatsch mit Soße

Tipp 2

Der Schwierigkeitsgrad wird durch die Begleitung mit Körperinstrumenten gesteigert.

Vorschlag:

Gezählt wird:	1	2	3	4	1	2	3	4	1
Oberschenkelpatschen	x				x				x
Händeklatschen		x				x			
Linker Fuß stampft			x				x		
Rechter Fuß stampft				x				x	

Tipp 3

Die Kinder können sich eigene Begleitungen mit «Körperinstrumenten» ausdenken.

Tipp 4

Zu «Aram sam sam» wird abwechselnd auf die Knie und in die Hände geklatscht. Bei «Gulli …» drehn sich die Hände vor der Brust umeinander, und bei «Arafi …» heben sie sich beschwörend über den Schultern nach oben.

Tipp 5

Zwei Gruppen werden gebildet, die das Lied als Kanon singen und mit entsprechenden Klanggesten begleiten. Die zweite Stimme setzt bei «Arafi» ein.

Tipp 6

Der Text kann verändert werden, wie bei den «Chinesen mit dem Kontrabass», z. B. «Irim sim sim, irim sim sim, gilli gilli gilli gilli gilli rim sim sim …»

Oh heppo di taja he

mündlich überliefert

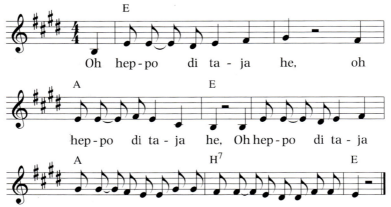

Tipp 1
Folgende Bewegungen werden ausgeführt (gilt für einen Takt):
1. Auf die Oberschenkel patschen.
2. Hände in der Luft kreuzen und auf die Oberschenkel patschen (d. h. linke Hand auf rechten Oberschenkel und umgekehrt).
3. Nochmals auf die Oberschenkel patschen.
4. In die Hände klatschen.

Und wieder von vorne beginnen.

Quatsch mit Soße

Tipp 2

Mit älteren Kindern kann folgende Version probiert werden: Alle sitzen im Kreis auf Stühlen dicht beieinander. Auf «Oh» suchen alle den gemeinsamen Anfangston, indem sie z. B. alle Hände in die Kreismitte strecken und mit den Fingern zappeln. Dann geht das Patschen in folgender Reihenfolge los:

heppo – beide Hände patschen auf die Oberschenkel des rechten Nachbarn
di – beide Hände patschen auf die eigenen Oberschenkel
ta – beide Hände patschen auf die Oberschenkel der linken Nachbarin
ja – beide Hände patschen auf die eigenen Oberschenkel
he – wieder Oberschenkel des rechten Nachbarn usw.

Die vier Klatschbewegungen (Nachbar rechts, selbst, Nachbar links, selbst ...) werden das ganze Lied über durchgehalten. Erst langsam und dann schneller üben!

Ich ging zum Doktor Wulle

mündlich überliefert

Dies ist ein traditionelles Klatschspiel für zwei Personen.

Quatsch mit Soße

Tipp 1: mit Kleinkindern

Sie spielen das Lied und führen die Bewegungen mit Ihrem Kind zusammen aus. Zunächst wird in die eigenen Hände geklatscht, dann auf die rechte Hand des Kindes mit der rechten Hand. Danach wieder eigenes Klatschen und schließlich mit der linken Hand auf die linke Hand des Kindes.

Tipp 2

Größere Kinder klatschen im Viertelschlag-Rhythmus erst in die eigenen Hände, dann mit beiden Händen auf die gegenüberliegenden Handflächen des Partners. Bei «Wulle» drehen sich die Hände zu einer Rolle umeinander, bei «Kille...» versuchen sich beide zu kitzeln, bei «Box...» zu boxen, und an der Textstelle «Ochs...» wird ein Ochs mit zwei Hörnern gezeigt.

Ich ging ...

... zum Doktor ...

... Wulle, Wulle ...

Kille Kille ...

... Box Box ...

... ein Ochs ...

Hörst du die Regenwürmer husten

mündlich überliefert

Hörst du die Re-gen-wür-mer hus-ten (ähm, ähm),
wenn sie durchs dunk-le Erd-reich ziehn,
wie sie sich win-den, um zu ver-schwin-den auf
Nim-mer-nim-mer-wie-der-sehn. Und wo sie
wa-ren, da ist ein Loch, Loch, Loch, und wenn sie
wie-der-kom-men, ist es im-mer noch (zwo, drei, vier).

Dieses Lied ist sicher eines der «heimlichen Hits» in den Kindergruppen. Die Melodie stammt von dem traditionellen Lied «Get me to the church on time», das auch im Musical «My Fair Lady» gesungen wird. Irgendjemand hat einmal einen Regenwürmer-Text dazu erfunden.

Quatsch mit Soße

Die Regenwürmer werden mit einem Zeigefinger oder mit beiden dargestellt. Die Bewegungen sollten Schritt für Schritt eingeübt werden. Vorschlag für den Bewegungsablauf:

Hörst du ...   ... husten ...   Wie sie durchs ...

Wie sie sich winden ... schwinden   auf Nimmerwiedersehn.   ... da ist ein Loch

... wenn sie wiederkommen   ist es immer noch   zwo, drei, vier.

Mein Hut, der hat drei Ecken

mündlich überliefert

Mein Hut, der hat drei E-cken, drei E-cken hat mein Hut, und hätt' er nicht drei E-cken, dann wär's auch nicht mein Hut.

Tipp 1
Die Melodie dieses bekannten Liedes stammt von einem neapolitanischen Volkslied. Der Text wird mit folgenden Bewegungen erläutert: Bei «Hut»: mit der Hand auf den Kopf fassen.

Mein ...

Quatsch mit Soße

Oder die Hände bilden ein Dach über dem Kopf. Die anderen Textstellen werden mit folgenden Bewegungen ausgedrückt:

Erst langsam und dann immer schneller probieren.

... Hut ...

... drei ...

... Ecken ...

... nicht ...

Tipp 2
Wenn Tipp 1 gut eingeübt ist, kann Folgendes probiert werden: Nacheinander den Text weglassen, die Bewegungen aber weiter ausführen. Das erste «Mein» wird gesungen, um den Einstieg zu erleichtern. Zuerst fällt «Hut» weg, dann «drei», dann «Ecken», dann «mein» und schließlich «nicht». Wenn alles klappt, bleibt von dem Lied kaum noch Text übrig.

Tipp 3
Eine andere Spielmöglichkeit: Ein richtiger (oder aus Zeitungspapier gebastelter) Hut wird zum Lied herumgereicht. Dabei versuchen die Kinder, den Hut immer auf den betonten Taktanfang weiterzureichen. Am besten sitzen dabei alle im Kreis auf Stühlen.

Der Kakadu

Musik: trad. (Australien)
Text: Wolfgang Hering

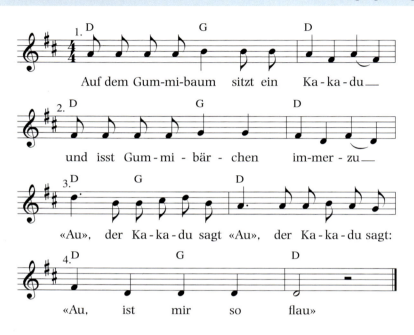

1. Auf dem Gum-mi-baum sitzt ein Ka-ka-du
2. und isst Gum-mi-bär-chen im-mer-zu
3. «Au», der Ka-ka-du sagt «Au», der Ka-ka-du sagt:
4. «Au, ist mir so flau»

Tipp 1
Die Melodie stammt von dem australischen Kanon «Kookaburra». Die Bewegungen werden erst ganz langsam und dann immer schneller zum gesungenen Lied geübt.

Quatsch mit Soße

Gummibaum   Kakadu   ... isst Gummibärchen ...

... Au ...   ... ganz flau ...

Tipp 2

Mit Ihrer Hilfe kann das Lied zuerst zweistimmig und dann als vierstimmiger Kanon gesungen und gespielt werden. Zunächst in der ganzen Gruppe so lange üben, bis Text und Melodie richtig sitzen. Dann kann der Kanon angegangen werden. Vielleicht gelingt es ja, immer leiser zu singen, bis sich nur noch die Lippen bewegen. Die Bewegungen werden jedoch weiterhin ausgeführt.

Das Tickitackitucki-Häuschen

mündlich überliefert

In einem Tickitackitucki-Häuschen, da wohnt ein kleiner Mann, da wohnt ein kleiner Mann. In einem Tickitackitucki-Häuschen, da wohnt ein klitzekleiner Mann. Was macht der kleine Mann, was macht der kleine Mann in seinem Tickitackitucki-Haus?

Er macht ein Tickitackitucki-Tänzchen
mit seiner kleinen Frau, mit seiner kleinen Frau.
Er macht ein Tickitackitucki-Tänzchen
mit seiner klitzekleinen Frau.

So tanzt der kleine Mann,
so tanzt die kleine Frau
in ihrem Tickitackitucki-Haus.

1 | 2 | 3 | **4** | 5 | 6 | 7   Quatsch mit Soße

Das Lied wird mit Fingern und den Händen dargestellt: bei «Ticki» mit den Händen das Dach eines Hauses, bei «tacki» die Seiten und bei «tucki» den Boden (Handballen aneinander) zeigen. Der kleine Mann ist ein Daumen; die kleine Frau der andere Daumen. In der ersten Strophe tanzt der Mann, in der zweiten Strophe tanzen die Frau und er abwechselnd und am Schluss beide gemeinsam.

Kapitel 5 | *Langsam und leise*

Zaubermeister Zarobald

Michel Widmer/
Stefan Ölke

Wer stapft da durch den Zau-ber-wald, sim - sa - go - go -

go? Der Zau-ber-meis-ter Za-ro-bald, sim - sa - go - go - go.

Sim-sa-go-go,   sim-sa-go-go,   hört den Zau - ber - gong.

Tipp 1
Bei kleinen Kindern wird der Gong nach dem Verzaubern der Gruppe einfach an den nächsten Zaubermeister weitergegeben.

1 | 2 | 3 | 4 | **5** | 6 | 7   Langsam und leise

Tipp 2

Kinder und Erwachsene verteilen sich im Raum und stellen die Bäume im Zauberwald dar. Sie können das Windsausen mit dem Mund nachahmen. Ein «Zaubermeister» stapft mit seinem Gong (Becken und Schlegel; zur Not auch Flasche und Bleistift) durch den Zauberwald. Dabei wird das Lied gesungen.

Nach dem letzten gesungenen Ton wird der Zaubergong zum *ersten Mal* geschlagen. Der Zaubermeister erfindet einen Zauberspruch und verwandelt die Bäume in Tiere, verrückte Sachen, interessante Figuren etc. Sobald die «Bäume» hören, was sie darstellen, spielen sie das Gewünschte so lange, bis der Zaubermeister zum *zweiten Mal* seinen Zaubergong schlägt. Auf dieses Signal hin frieren alle ein und bewegen sich nicht mehr.

Der Zaubermeister sucht sich die seiner Meinung nach «zauberhafteste» Figur aus und übergibt seinen Zaubergong an diesen nächsten Zaubermeister. Der/die neue «Zaubermeister/in» übernimmt den Gong und schlägt zum *dritten Mal*. Jetzt verwandeln sich die Verzauberten wieder in Bäume, und das Lied kann erneut gesungen werden.

Tipp 3

Es wird nur *ein* Baum nach dem Gong verzaubert.

Leise, wie die Kätzchen schleichen

mündlich überliefert

Lei-se, lei-se, wie die Kätz-chen schlei-chen. Psst, pssst!

Lei-se, lei-se, wie die Kätz-chen schlei-chen. Psst, pssst! Miau!

Tipp 1: mit Kleinkindern

Zu Hause bewegen Sie sich mit Ihrem Kind durch die Wohnung und singen das Lied. Bei «Psst, psst» bleiben Sie stehen und legen den Zeigefinger an den Mund. Wenn das «Miau» kommt, wird das Kind hochgenommen.

Tipp 2

Für eine Eltern-Kind-Gruppe: Jeweils ein Kind und ein Erwachsener bilden einen Kreis. Beim Singen bewegen sie sich langsam aufeinander zu, sodass sie sich beim «Schleichen» in der Mitte treffen. An der Textstelle «Pssst» legen sie den Zeigefinger auf den Mund und warten, bis alle ganz still sind. Irgendjemand ruft in die Stille «Miau». Dies ist das Signal, auf das hin die Erwachsenen die Kinder unter die Oberarme fassen und schwungvoll in hohem Bogen nach außen heben, sodass sie am Ende wieder alle auf der Kreisbahn stehen. Eine reine Kindergruppe kann beim «Miau», so hoch es geht, hüpfen und mit den Armen herumfuchteln.

Langsam und leise

Nimm den Hut

mündlich überliefert

Nimm den Hut, den Hut, den wun-der-schö-nen Hut, gib ihn wei-ter und hab Acht, wie man das macht. Bum, bum.

Tipp 1:
mit Kleinkindern

Das Kind sitzt auf dem Schoß. Das Lied wird ganz langsam gesungen. Dabei wechselt ein Hut vom großen zum kleinen Kopf. Beim «Bum, bum» stampfen die Füße zusammen, erst rechts und dann links, auf dem Boden auf.

Tipp 2

Die Gruppe sitzt im Stuhlkreis oder auf dem Fußboden. Zum Rhythmus des Liedes wird mit einer Hand der Hut im Kreis herumgegeben. Er landet immer bei «... den *wunderschönen Hut*» – also beim betonten Taktteil – auf dem Kopf des Nachbarn. Vor allem größere Gruppen sollten mit mehreren Kopfbedeckungen spielen. Bei «Bum, bum» wird mit der anderen Hand auf den Boden geklopft (oder mit dem Fuß gestampft) und danach eine Grimasse unter dem jeweiligen Hut gemacht. Erst das Tempo des Liedes halten und gegen Ende dann gemeinsam schneller werden!

Babalu-Tanz

mündlich überliefert

Komm, wir tanzen Babalu
Ba-ba-lu, Ba-ba-lu, Komm, wir tanzen
Ba-ba-lu, Ba-ba-lu

Tipp 1:
Mit Kleinkindern

Sie gehen mit Ihrem Kind durch die Wohnung oder draußen auf der Wiese umher und wechseln nach jedem Durchgang die Art und Weise, wie Sie mit dem Kind gehen. Z. B: Das Kind steht auf den Füßen, wird unter den Armen gehalten, sitzt auf den Schultern, wird unter den Unterarmen vor der Brust getragen, bei «Babalu» wird das Kind ein wenig in die Luft geworfen etc.

Tipp 2

Alle stehen im Kreis. Wichtig ist, dass beim «Babalu-Tanz» in jedem Durchgang die Tanzart wechselt. Einmal rechts herum und einmal links herum. Es geht los mit einfachen Varianten: z. B. an den Händen fassen, auf die Schultern greifen, die Arme einhaken, in die Hocke gehen etc. Dann kann der Schwierigkeitsgrad je nach Gruppe gesteigert werden, z. B. am Ohrläppchen berühren, mit geschlossenen Augen tanzen, die Kinder auf die Schultern nehmen etc.

Langsam und leise

Im Keller ist es duster
mündlich überliefert

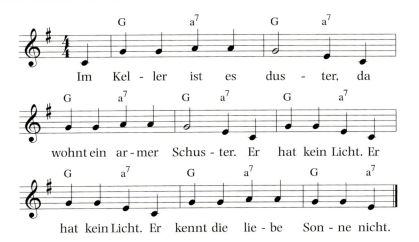

Im Kel - ler ist es dus - ter, da wohnt ein ar - mer Schus - ter. Er hat kein Licht. Er hat kein Licht. Er kennt die lie - be Son - ne nicht.

Dieses traditionelle Spiellied beschreibt die miserablen Arbeitsbedingungen eines Schusters.

Tipp 1
Ein Kind steht mit geschlossenen Augen in der Kreismitte und spielt den Schuster. Alle anderen singen das Lied. Dann kommt ein Kind aus dem Kreis, stellt sich hinter den Rücken und fragt mit verstellter Stimme: «Schuster, was tust du?» Der Schuster antwortet: «Ich flicke die Schuhe.» Darauf das Kind: «Eins, zwei, drei, vier, wer steht hinter dir?» Nun muss der Schuster raten, wer das sein könnte. Das kann so lange probiert werden, bis der richtige Name dabei ist. Dieses Kind wird dann zum neuen Schuster.

Tipp 2
Nach dreimaligem vergeblichem Raten kommt ein neues Kind und versucht sein Glück. Nach drei erfolglosen Durchgängen wählt der Schuster selbst ein neues Kind für die Kreismitte aus.

Die kleinen Marionetten

Musik: trad. (Frankreich) / Text: Wolfgang Hering

Ja, so gehn, gehn, gehn sie, die kleinen Marionetten,
ja, so gehn, gehn, gehn sie umher und bleiben stehn.
Ihre Köpfe nicken, so begrüßen sie sich alle.
Ihre Köpfe nicken und sie schaun sich einmal um.
Langsam drehn sie auf der Stelle wacklig sind sie auf den Beinen.
Langsam drehn sie auf der Stelle und verbeugen sich ganz tief.

Refrain:
Ja, so gehn, gehn, gehn sie, die kleinen Marionetten,
Ja, so gehn, gehn, gehn sie umher und bleiben stehn.

Langsam und leise

Ihre Köpfe nicken,
so begrüßen sie sich alle.
Ihre Köpfe nicken,
und sie schaun sich einmal um.
Langsam drehn sie auf der Stelle,
wacklig sind sie auf den Beinen.
Langsam drehn sie auf der Stelle
und verbeugen sich ganz tief.

Ihre Arme gehn nach oben,
werden immer länger.
Ihre Arme gehn nach oben.
Und die Füße hüpfen hoch.
Und da steigen auch die Knie
nacheinander in die Höhe.
Und da steigen auch die Knie
immer weiter hoch hinauf.

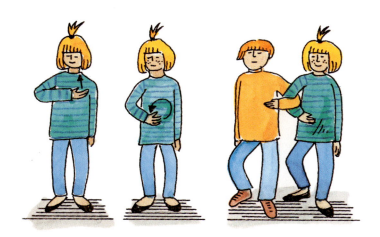

Alle haben sie jetzt Hunger,
löffeln eine heiße Suppe.
Alle haben sie jetzt Hunger,
und sie reiben ihren Bauch.
Und sie gehn zu zweit zusammen,
Arm in Arm ein Stück spazieren.
Und sie gehn zu zweit zusammen
und umarmen sich ganz fest.

Und sie tanzen einen Walzer,
durch den großen Rosengarten.
Und sie tanzen einen Walzer
um die Blumen rundherum.
Und dann legen sie sich müde
endlich alle hin zum Schlafen.
Und dann legen sie sich müde
hin und träumen wunderschön.

Langsam und leise

Dies ist die Übertragung eines der bekanntesten französischen Spiellieder: «Les petites marionettes».

Tipp 1:
mit Kleinkindern

Sie stellen das Kind auf Ihre Fußspitzen, halten es an den Händen und versuchen, mit ihm die Spielanweisungen im Lied so einfach wie möglich auszuführen.

Tipp 2

Alle stehen auf der Kreisbahn als Marionetten mit gleicher Blickrichtung. Die Arme hängen schlapp am Körper herunter oder weisen in die Luft. Die Finger hängen an unsichtbaren Fäden. Die Gesichter sind starr und dürfen sich während des Liedes nicht bewegen.

Während der Refrain gesungen wird, gehen alle im Uhrzeigersinn umher und bleiben zur Ausführung der Spielbeschreibungen in der ersten, zweiten und dritten Strophe stehen. Sie führen die Textanweisungen aus. Am Ende der dritten Strophe schließen sie sich zu zweit zusammen und tanzen in der vierten Strophe einen langsamen Walzer im Dreiertakt.

Tipp 3

Als Partnerspiel: Einer führt die Marionette an den unsichtbaren Fäden. Es ist gar nicht so leicht, die Spielanweisungen auszuführen.

Zug der kleinen Schnecken

Wolfgang Hering / Bernd Meyerholz

Die klei-nen Schne-cken schla-fen in ih-rem Haus ganz fest. Am Sonn-tag-morg-gen ist es klar, dass man sie schlum-mern lässt. Da wacht die ers-te Schne-cke auf und guckt aus ih-rem Haus, schon stre-cken all die an-de-ren die klei-nen Füh-ler aus.

Lang - sam, ganz, ganz lang - sam,
Lang - sam, geht's vor - an.

Refrain:
Langsam, ganz, ganz langsam,
langsam geht's voran.
Es recken sich die Schnecken

Langsam und leise

und machen sich ganz krumm.
Sie schaun mit ihren Fühlern
sich in der Runde um.
Sie gehen los und tragen schwer
an ihrem Schneckenhaus.
Sie ziehn in einer Richtung.
Es geht aufs Land hinaus.

Im Wald bleiben die Schnecken
an einer Lichtung stehn.
Sie halten ihren Atem an,
die Stille ist so schön.
Sie lauschen all den Vögeln
stumm
für einen Augenblick
und kehren ganz in Ruhe
danach wieder zurück.

Da kommt es vor, dass kurz mal
die Fühler sich berührn.
Zwei Schnecken, die bewegen sich
zusammen beim Spaziern.
Und wenn sie dann zu Hause sind,
wisst ihr, was sie dann tun?
Da fangen alle Schnecken an,
sich richtig auszuruhn.

Raum genau einteilen. Im Refrain «Langsam …» und in den Strophen kriechen sie immer vorwärts. In der dritten Strophe bleiben sie auf der Stelle stehen und gehen dann wieder in der vierten Strophe auf der umgekehrten Route zurück. Wenn gesungen wird «dass ihre Fühler sich berührn», kann eine Pause zum Ausspielen gemacht werden. Wie können sich Schnecken gemeinsam bewegen, wenn sich die Fühler berühren? Es ist möglich, das Lied aufrecht, aber auch auf allen vieren zu spielen.

Tipp 1

Der «Zug der kleinen Schnecken» wird im Zeitlupentempo gespielt. Alle tragen ganz schwer an ihrem Schneckenhaus und können keine schnellen Bewegungen ausführen. Die Fühler werden durch die beiden Zeigefinger dargestellt (oder beide Arme werden ausgestreckt). Ein Karton, auf den Rücken gebunden, könnte ein Schneckenhaus sein.

Zunächst schlafen alle Schnecken auf einer Seite des Raumes oder des Platzes. Sie werden dann wach und setzen sich in einer Richtung in Bewegung. Sie müssen sich den

Tipp 2

Es kann ein kleiner Hindernisparcours (z. B. mit Stühlen, Tischen) aufgebaut oder das Lied im Gelände irgendwo draußen gespielt werden.

Kapitel 6 | *Lebhaft und manchmal etwas lauter*

Tierstrophen
Komm, wir schleichen wie ein Tiger …
Komm, wir hoppeln wie ein Esel …
Komm, wir springen wie die Pferde …
Komm, wir hüpfen wie die Kängurus …
Komm, wir fliegen wie die Vögel …
Komm, wir watscheln wie die Pinguine …
Komm, wir klettern wie die Affen …

Als Rollenspiel
Komm, wir spielen einen Cowboy …
Komm, wir reiten durch die Wüste …
Komm, wir stampfen durch ein Matschfeld …
Komm, wir spieln 'ne feine Dame …
Komm, wir tippeln mal auf Stöckelschuhen …
Komm, wir gehn wie Charlie Chaplin …
Komm, wir gehn wie ein Roboter …

Im Sitzen
Komm, wir tuscheln mit dem Nachbarn ...
Komm, wir kitzeln unsern Nachbarn ...
Komm, wir schunkeln mal 'ne Runde ...
(im Dreier-Takt)
Komm, wir fahren mit dem Fahrrad ...
Komm, wir fahren mal Motorrad / Auto / Lkw etc.

Für die Turnstunde
Komm, wir hüpfen auf der Stelle ...
Komm, wir gehen auf den Fersen ...
Komm, wir schwingen mit den Hüften ...
Komm, wir gehen in die Hocke ...
Komm, wir schwimmen durch den Rhein durch ...
Komm, wir strecken unsre Arme ...

Die Melodie von «Komm, wir spielen» stammt von dem bekannten englischen Spiellied «Ten little Indians». Wir haben ein Theaterspiellied daraus gemacht, das zu jeder passenden Gelegenheit neu gestaltet werden kann. In einer längeren Version sollten auch ein paar ruhige Strophen zum Ausruhen dabei sein. Hier sind vier Beispiele unter verschiedenen Gesichtspunkten zusammengestellt. Die gesungenen Strophen werden aus dem Stegreif dargestellt. Die erste (Theater-)Strophe ist zur Einstimmung gedacht.

Sternenfänger

Text / Musik: Trio Kunterbunt
(Bernhard Hering, Wolfgang Hering,
Bernd Meyerholz)

Refrain:
Wir sind die Sternenfänger, oh,
Sternenfänger, oh, oh,
Sternenfänger, oh,
Sternenfänger, oh.

Schnips mal mit den Fingern, fang zu klatschen an,
du ziehst die Schultern an den Kopf ganz nah heran.
Schlabberst mit den Knien, hüpfst auf einem Bein.
Streck dich und fang die Sterne ein.

Refrain

Stampf mal mit den Füßen, reib dir deinen Bauch.
Du schüttelst dich, das macht 'n Wackelpudding auch.
Mach dich mal ganz klein, wie ein Frosch so klitzeklein.
Streck dich und fang die Sterne ein.

Refrain

Such dir einen Nachbarn,
guck ihn freundlich an.
Probier mal, ob man den
auch kitzeln kann.
Dann tanzen zwei Verliebte
in den Himmel rein,
zusammen fangen sie
die Sterne ein.

Refrain (zweimal)

... manchmal etwas lauter

Tipp 1:
mit Kleinkindern

Sie wählen beim Spielen mit dem Kind einfache Bewegungen z. B. aus der zweiten und dritten Strophe und machen den Ablauf mehrmals hintereinander vor. Wenn die Melodie zu schwierig ist, kann der Text auch gesprochen werden. Die Kinder versuchen Sie zu imitieren. Im Refrain nehmen Sie das Kind auf den Arm und greifen mit ihm nach den Sternen.

Tipp 2

Die Kinder verteilen sich im Raum oder draußen auf dem Platz. Alle Mitwirkenden stellen die Aktionen, die in der Strophe beschrieben werden, pantomimisch dar. Jeder kann direkt mitmachen! Im Refrain steigen alle auf die Zehenspitzen, strecken die Arme ganz hoch in die Luft und versuchen, die Sterne vom Himmel herunterzuholen.

Tipp 3

Wer die Szenen länger ausspielen möchte, kann jeweils nach einer Spielaufforderung die entsprechende Aktion wiederholen. Eine Ausnahme ist die letzte Zeile. Dort wird das «Streck dich ...» auch in dieser Gestaltungsart nur einmal gesungen. Es geht also direkt mit dem Refrain weiter.

Übrigens: «Sternenfänger» ist auch das Titellied der CD/MC unserer Musikgruppe TRIO KUNTERBUNT mit Spielliedern für Kinder ab 4 Jahren, erschienen bei: Deutsche Grammophon, Junior (MC 437635-4, CD 437635-2)

Die kleine Hexe

mündlich überliefert

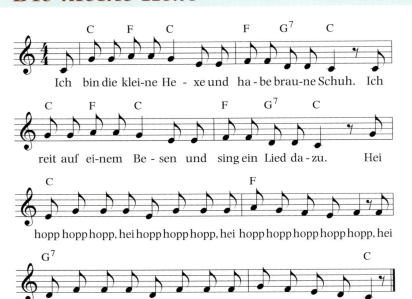

Ich bin die klei-ne He-xe und ha-be brau-ne Schuh. Ich reit auf ei-nem Be-sen und sing ein Lied da-zu. Hei hopp hopp hopp, hei hopp hopp hopp, hei hopp hopp hopp hopp hopp, hei hopp hopp hopp, hei hopp hopp hopp, hei hopp hopp hopp hopp hopp.

1 | 2 | 3 | 4 | 5 | 6 | 7   ... manchmal etwas lauter

Tipp 1

Alle sitzen oder stehen im Kreis. Ein Kind oder ein Erwachsener läuft in der Mitte als Hexe mit einem Besenstiel herum. Requisiten können ein Tuch oder auch eine krumme Papiernase sein. Bei einem Kind wird «kleine» Hexe, bei einem Erwachsenen «große» Hexe gesungen. Die Farbe wird den Schuhen entsprechend der spielenden Hexe jeweils eingesetzt. Am Ende des Liedes sucht sich das Kind oder der Erwachsene eine neue Hexe.

Tipp 2

Spielvarianten:

a) Die anderen Kinder laufen vor der Hexe weg. Dabei wird das Lied gesungen. Nach dem letzten «hopp» versucht sie jemanden abzuschlagen. Dieser wird dann mit einem kleinen Hexenspruch verzaubert. Danach gibt die Hexe den Besen weiter. Diese nächste Hexe entzaubert das «Wesen» wieder, gibt wiederum den Besen weiter, und das Spiel beginnt von neuem.

b) Für große Gruppen: Es wird eine entsprechende Farbe gesungen, und alle Kinder mit dieser Schuhfarbe sind die Hexen (ab dieser Textstelle). Beim letzten «hopp» setzen sich alle wieder hin. Es kann weiterhin verabredet werden, bei der Wiederholung «hei hopp» jeweils die Richtung des Hexentanzes zu wechseln.

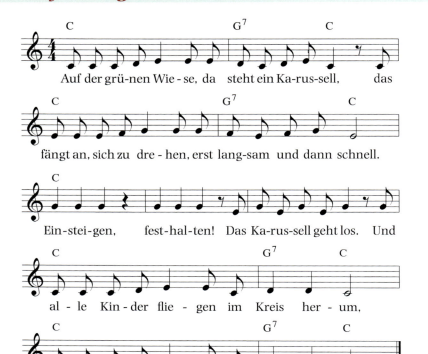

Auf der grünen Wiese

mündlich überliefert

Auf der grünen Wiese, da steht ein Karussell, das fängt an, sich zu drehen, erst langsam und dann schnell. Einsteigen, festhalten! Das Karussell geht los. Und alle Kinder fliegen im Kreis herum, alle Kinder fliegen im Kreis herum,

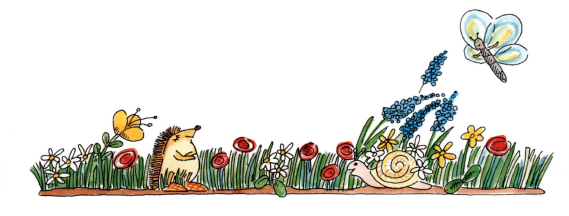

1 | 2 | 3 | 4 | 5 | 6 | 7   ... manchmal etwas lauter

Tipp 1:
mit Kleinkindern

Spiel für eine gemischte Erwachsenen-Kind-Gruppe. Im Kreis stehen abwechselnd Erwachsene und Kinder. Bei «Einsteigen» werden die Kinder unter den Oberarmen hochgehoben. Das Karussell dreht sich dann im Kreis, und die Kinder können «fliegen». Beim nächsten Durchgang die Richtung wechseln.

Tipp 2

Die Gruppe steht im Kreis, und alle fassen sich an den Händen. Bei «das fängt an sich zu drehen» geht's natürlich los. Dann dreht sich das Karussell auf der Kreisbahn immer schneller, bis am Ende alle durcheinander purzeln. Das Karussell kann sich natürlich auch linksherum drehen.

Wir tanzen im grünen Gras

mündlich überliefert

Wir tan-zen in dem grü-nen Gras und klat-schen lus-tig

eins, zwei, drei. Wir sind ver-gnügt und ha-ben Spaß und

stamp-fen lust-tig eins, zwei, drei. Ich dre-he mich, ich

dre-he mich, dann hüp-fen wir im Kreis her-um. Nun

drehst du dich, nun drehst du dich, so geht es lus-tig di-del-dum.

«Wir tanzen in dem ...»
(seitwärts hüpfen)

«klatsche ... 1, 2, 3 ...»
(dreimal klatschen)

«Wir sind vergnügt»
(seitwärts zurückhüpfen)

1 | 2 | 3 | 4 | 5 | **6** | 7   ... manchmal etwas lauter

Im Innen- und Außenkreis stehen sich die Kinder gegenüber.

Jeweils ein Paar fasst sich an den Händen und hüpft nach rechts zur Seite. Bei «eins, zwei, drei» bleiben alle stehen und klatschen dreimal. Dann hüpfen sie bei «Wir sind vergnügt» zurück und stampfen bei «eins, zwei, drei» mit den Füßen. Zur Textstelle «Ich drehe mich» drehen sich alle Kinder im Innenkreis um ihre eigene Achse, während die Kinder im Außenkreis dazu in die Hände klatschen. Dann fassen sich die Partner an den Händen und hüpfen auf der Stelle herum.

Bei «drehst du dich» drehen sich nun die Kinder im Außenkreis. Zum Schlussvers «so geht es lustig dideldum» ruhen sich alle einen Moment aus.

«… stampfen … 1, 2, 3 …»
(dreimal stampfen)

«Ich drehe mich»
(Innenkreis)

Auf der Stelle hüpfen

«Du drehst dich!»
(Außenkreis)

Cowboy Bill

mündlich überliefert

Ich ken-ne ei - nen Cow-boy, der Cow-boy, der heißt Bill, und wenn der Cow-boy rei - ten will, dann steht sein Pferd nicht still. Und so reit' der Cow-boy, der Cow-boy, der reit' so, und so reit' der Cow-boy, der Cow-boy, der reit' so.

1 | 2 | 3 | 4 | 5 | **6** | 7   ... manchmal etwas lauter

Ich kenne einen Cowboy,
der Cowboy, der heißt Bill,
und wenn der Cowboy Lasso wirft,
dann steht sein Pferd nicht still.
Und so wirft er Lasso, das Lasso
wirft er so.
Und so wirft er Lasso, das Lasso
wirft er so.

... und so schießt der Cowboy ...

... und so trinkt der Cowboy ...

... und so schmust der Cowboy ...

Tipp 1
Die jeweils besungenen Handlungen (Reiten, Schießen – natürlich in die Luft – und Lassowerfen) werden vom Kind dargestellt.

Tipp 2
Als Reihenlied: Verschiedene Bewegungen werden jeweils aneinander gehängt. Am Ende der vierten Strophe könnte es z. B. heißen: ... Und so trinkt der Cowboy ... und so schießt der Cowboy ... und so wirft er Lasso ... und so reit' der Cowboy ... Die Kinder erfinden sicher noch mehr Strophen.

Katz und Maus

mündlich überliefert

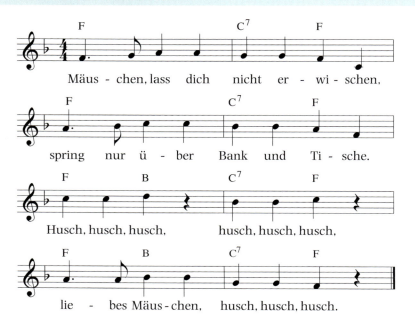

Mäus-chen, lass dich nicht er-wi-schen,
spring nur ü-ber Bank und Ti-sche.
Husch, husch, husch, husch, husch, husch,
lie-bes Mäus-chen, husch, husch, husch.

1 | 2 | 3 | 4 | 5 | 6 | 7 ... manchmal etwas lauter

Tipp 1

In der Mitte des Kreises steht ein Kind als «Maus», außerhalb schleicht eine «Katze». Die Maus und die Katze können sich zunächst unterhalten, z. B. Katze: «Mäuschen, komm heraus.» Maus: «Nein, ich mag nicht.» Katze: «Ich geb dir auch ein Stückchen Speck.» Maus: «Nein.» Katze: «Dann krieg ich dich.» Dann wird das Lied gesungen.

Die Katze versucht die Maus zu fangen. Der singende Kreis probiert, sie am Durchkommen zu hindern. Die Maus dagegen hat überall freien Durchschlupf. Fängt die Katze die Maus, muss ein anderes Kind die Katze spielen.

Tipp 2

Alle verteilen sich im Raum. Ein Kind oder ein Erwachsener spielt die Katze. Die anderen sind die Mäuse. Das Lied wird gesungen, und die Katze schleicht durch die Gegend. Nach dem letzten «husch» versucht die Katze eine Maus zu fangen. Die Mäuse können sich schützen, wenn sie zu zweit stehen und sich berühren. Fängt die Katze eine Maus, die alleine steht, so wird diese die neue Katze, und das Lied beginnt von vorne.

Hoch am Himmel

mündlich überliefert

Hoch am Himmel, tief auf Erden, rund-her-um ist Sonnenschein. Wenn ich mal ein Tier gern wäre, möchte ich ein(e) ... sein.

1 | 2 | 3 | 4 | 5 | 6 | 7   ... *manchmal etwas lauter*

Tipp 1

Aufstellung im Kreis. Bei «Hoch am Himmel» strecken und bei «tief auf Erden» bücken sich alle. Dann dreht sich jeder auf der Stelle zum Text «rundherum ist Sonnenschein» und streckt dabei die Hände zu der richtigen oder einer vorgestellten Sonne. Danach deuten alle Mitspielenden auf sich selbst. Ein Kind wählt ein Tier aus, macht die Bewegungen vor, und alle anderen versuchen es genau nachzumachen.

Tipp 2

Ganz interessant wird es, wenn nach der Verwandlung ein Durchgang mit den jeweiligen Tierlauten gesungen wird, z. B. «piep, piep, piep ...» oder «muh, muh, muh ...».

Hoch am Himmel

tief auf Erden

rundherum ist Sonn...

Wir wollen heute Schlitten fahren

Text / Musik: Volker Rosin
(letzte zwei Textzeilen Wolfgang Hering)

Wir wol-len heu-te Schlit-ten fah-ren in dem Win-ter-wald. Wei-ße Fle-cken auf den Haa-ren. Es ist rich-tig kalt.

Wir wollen einen Schneemann bauen
in dem Winterwald.
Fängt es später an zu tauen,
wird der Mann nicht alt.

Wir wollen um die Bäume tanzen
in dem Winterwald,
singen mit ganz großer Puste.
Uns ist nicht mehr kalt.

1 | 2 | 3 | 4 | 5 | 6 | 7   ... manchmal etwas lauter

Die Kinder bilden einen Kreis. Während der ersten Strophe gehen sie zunächst rechts herum; ab «Weiße Flecken» dann links herum.

In der zweiten Strophe kommen die Kinder mit erhobenen Armen in die Mitte des Kreises. Ab «Fängt es später an» gehen alle zurück und hocken sich nieder.

Während der dritten Strophe tanzen je zwei Kinder miteinander.

Kapitel 7 | *Bewegung und Musik*

Zur Bedeutung von Liedern in der rhythmisch-musikalischen Erziehung

Musik und Bewegung sind für Kinder besonders wichtig. Wenn Sie Kinder zu Hause, beim Kinderturnen oder in der Spielgruppe im Kindergarten beobachten, dann wissen Sie, dass vor allem die Jüngsten kaum ruhig sitzen können. Ständig versuchen sie ihrem Bewegungsdrang nachzugehen.

In allen uns bekannten Völkern gibt es Formen musikalischer Betätigung von Kindern und auch von Erwachsenen. Gesang und Tanz spielen im täglichen Leben wie in den Riten und Religionen eine zentrale Rolle. Musikmachen ist meist mit körperlicher Bewegung verbunden.

Auch in unserer Kultur reagieren die Kinder unmittelbar auf Musik – ob sie nun aus dem Radio kommt oder gesungen wird oder eine Rassel oder Trommel den Ton angibt. Genauso wie Finger- und andere Babyspiele bieten sich *Bewegungslieder* an, diese Bedürfnisse aufzugreifen. Hier gibt es großen Bedarf an neuen Anregungen.

Dies gilt für Eltern wie für Erzieherinnen und Erzieher in Krabbelgruppen und im Kindergarten, aber auch später für die ersten Jahre in der Grundschule. Mehrere Aspekte kommen im Bewegungslied zusammen: die Freude an der Aktivität, die körperliche Aufmerksamkeit, die Notwendigkeit zur Konzentration, die Auseinandersetzung mit dem eigenen Körper, die Koordinierung unterschiedlichster Bereiche und der Mut zu eigenem Handeln.

Die überschaubare Länge eines Liedes von ein paar Minuten kommt dem Auffassungsvermögen von Kindern im Vorschulalter entgegen. Erst mit zunehmendem Alter können längere Rollenspiele, Tanzgestaltungen oder schwierigere Texte aufgenommen werden.

Allen Bewegungsliedern in diesem Buch ist gemeinsam, dass sie direkt in Szene gesetzt oder von einer durchgängig bewegungsorientierten Spielidee getragen werden.

DAS TRADITIONELLE BEWEGUNGSLIED

Ich habe in dieser Sammlung Bewegungslieder zusammengestellt, die an traditionellen Spielliedern anknüpfen. Einige dieser Evergreens sind den meisten Erwachsenen aus ihrer eigenen Kindheit bekannt, und sie gehören immer noch zum festen Repertoire in vielen Kindereinrichtungen.

Entstanden sind viele traditionelle Spiellieder im letzten oder Anfang dieses Jahrhunderts. Sie erzählen oft von Situationen und Ereignissen, die wenig mit der Alltagssprache und den Erfahrungen von heute aufwachsenden Kindern zu tun haben. Wer kann heute noch der Aufforderung «Sehet den fleißigen Waschfrauen zu» nachkommen, fährt «mit der Kutsch» oder weiß, was ein «Bi-Ba-Butzemann» ist? Wo «klappert» noch «die Mühle am rauschenden Bach»? Wer geht noch «hurtig, hurtig hin zum Brunnen», um seine Blümlein zu gießen, oder wo gibt es noch die Taler, die wandern? Stellenweise werden tradierte Rollenklischees vermittelt, wie z. B. in dem Lied: «Wollt ihr wissen, wie's die kleinen Mädchen machen? Püppchen wiegen...» und «Knickschen machen», während die «Buben... Peitschen knallen und den Hut abnehmen». Sicher haben diese Lieder in unserer Kultur einen Stellenwert. Oft werden sie jedoch auch gedankenlos gesungen, weil es an gelungenen neuen Texten und Spielideen mangelt.

Andere alte Spiellieder mit einfachen Bewegungsaufforderungen sind dagegen fast zeitlos und auch sprachlich einfach «stimmig». Dazu kommen die vielen mündlich überlieferten heimlichen Kinderhits, die es in unzähligen Varianten gibt und von denen auch einige in dieser Liedersammlung zu finden sind. Und schließlich gibt es auch neu geschriebene Kinderlieder mit originellen Spielanregungen, die sich in der Praxis bewährt haben.

Seit über 20 Jahren beschäftige ich mich nun schon mit Kinderliedern. Angefangen hat es damit, dass ich (zusammen mit Bernd Meyerholz) Mitte der siebziger Jahre im Rahmen meines erziehungswissenschaftlichen Studiums für eine Tutorentätigkeit auf die Suche nach brauchbaren und zeitgemäßen Spielliedern gegangen bin. Der Bedarf in der pädagogischen Praxis war groß. So fingen wir an, selbst Lieder zu schreiben. Gemeinsam gründeten wir die Musikgruppe KUNTERBUNT, die sich dann später mit meinem Bruder Bernhard Hering zum TRIO KUNTERBUNT erweitert hat.

Ich habe in Workshops und bei Kinderkonzerten immer wieder die

Erfahrung gemacht, wie spannend und lustvoll bewegungsorientierte Lieder von Kindern aufgenommen werden. Das war Anreiz genug, mich selbst in Zusammenarbeit mit meinen Trio-Kollegen an dieser «kleinen Kunstform» zu versuchen. Dabei habe ich gemerkt, dass es gar nicht so leicht ist, an die traditionellen und mündlich überlieferten Lieder heranzukommen. Gerade das Einfache ist oft das Schwierige.

VERBINDUNG VON MUSIK, BEWEGUNG UND SPRACHE

Aus welchen Elementen setzen sich Bewegungslieder zusammen? Da ist zunächst einmal das musikalische Material, dann kommt die Spielidee mit den Bewegungsanregungen hinzu, und schließlich ist da noch der Text. Verbunden werden diese drei Bestandteile von dem Rhythmus, der Musik, Bewegung und Sprache bestimmt.

Es gibt sehr unterschiedliche Beziehungen zwischen diesen drei Bereichen. Ich denke aber, dass ein gutes Bewegungslied ein ausgewogenes Verhältnis zwischen diesen drei Bestandteilen haben sollte.

Ein ganzer Bereich der Pädagogik beschäftigt sich mit der Verbindung von Musik, Bewegung und Sprache: die rhythmisch-musikalische Erziehung.

Von pädagogischen Fragestellungen über Tanz und Methoden der Improvisation, das Erlernen von musikalischem Handwerk wie Klavier und Schlaginstrumenten bis hin zu Grundlagen der Körperbildung reicht das Spektrum. Auch Bewegungslieder und -spiele haben in diesem Fachgebiet große Bedeutung.

Der Ansatz geht auf den Musikpädagogen Emile Jacques Dalcroze zurück, der um die Jahrhundertwende auf die Idee kam, die Verbindung von Musik und Bewegung in der Erziehung einzusetzen, und eine «Rhythmische Gymnastik» ins Leben rief. Geboren in Wien, gründete er 1911 in Hellerau bei Dresden eine eigene Bildungsanstalt und setzte später in der Schweiz seine Arbeit fort. Seine Schülerin Elfriede Feudel entwickelte diesen Ansatz weiter und benannte als die vier Elemente der rhythmischen Erziehung: Zeit, Raum, Kraft und Form, die alle in der Bewegung und in der Musik erfahrbar sind. Körperliche Bewegung braucht Raum, Zeit und Kraft. Das Verhältnis dieser drei Komponenten zueinander bestimmt die Bewegungsform. Jede Musik entsteht durch Bewegung (z. B. Schwingungen). Heute ist die Rhythmik als Erziehungskonzept in vielen Ländern als Fachrichtung vertreten, wenngleich mit unterschiedlichen Schwerpunktsetzungen.

Es gibt eine breite Palette von *musikalischen* Gestaltungsmöglichkeiten: z. B.
- Wiederholung einzelner musikalischer Teile (Imitation),
- wiederkehrende Abschnitte (Kehrreim, Refrain),
- Fill-ins (d. h. die Nutzung von Pausen für Improvisation und Bewegungsaufforderung),
- Ostinato (ein rhythmisch-melodisches Motiv wird gleichmäßig zum Lied gesungen oder gespielt),
- Wechselgesang (Vorsänger / in – Gruppe).

Die Musik kann verschiedene Stimmungen erzeugen. Es spielt z. B. eine Rolle, ob hoch oder tief, schnell oder langsam, laut oder leise gesungen wird.

Von der *Bewegung* ausgehend, gibt es viele Aspekte zu berücksichtigen:
- Der unterschiedliche Entwicklungsstand der Kinder muss beachtet werden (sowohl in altersgemischten als auch in Gleichaltrigen-Gruppen).
- Kann das Wahrgenommene mit dem Körper ausgedrückt werden?
- Wie sind die Bewegungsmöglichkeiten beim Gehen, Schaukeln, Hüpfen, Klettern, Vorwärts-, Seitlich- oder Zurücklaufen?
- Wie kann das bestehende Bewegungsrepertoire erweitert werden?

Für den *sprachlichen* Bereich gilt z. B. Folgendes:
- Wie zeitgemäß ist die Wortwahl?
- Knüpft sie an Alltagssprache an, oder ist sie nur kindertümelnd?
- Ist der Text verständlich, und entspricht er dem Sprachschatz der Kinder? Hat sich der Liedtext an der Erfahrungswelt der betreffenden Kinder orientiert?
- Ist er witzig, und wird er dem Thema gerecht? Möglichst sollten Satzumstellungen, die im gesprochenen Wort so nicht vorkommen, z. B. aus Gründen des Reimes, vermieden werden. Gibt es eine spannende Dramaturgie, z. B. eine unerwartete Wendung in der Geschichte?

Bewegungslieder erleichtern Kindern die Gestaltung von Spielideen. Sie bieten eine Form an, in der sich der Bewegungsablauf abspielen kann. Der Erwachsene gibt diese Form vor. Er kann sie – je nach Situation – verändern, z. B. durch Wiederholung, Verlangsamung, Interpretation, Schaffung von Räumen für Improvisation.

Wichtig bei der Betrachtung von

Musik und Bewegung ist es, die gesamte Persönlichkeit des Kindes in den Blick zu bekommen. Aus therapeutischen und pädagogischen Zusammenhängen ist bekannt, dass Musik und Bewegung in einem engen Wechselspiel stehen. Nicht zuletzt werden Musik und Tanz vielfach z. B. bei motorischen Störungen in der Kindertherapie verwendet. Es bestehen hier Möglichkeiten, emotionale Situation, geistige und körperliche Verfassung miteinander zu verknüpfen. Diese «ganzheitliche» Betrachtungsweise berücksichtigt auch das «Bewegungslied», in dem Sprache, musikalische Gestaltung und Bewegungsausdruck die unterschiedlichsten Sinne ansprechen.

Durch das Zusammenwirken von Musik, Sprache und Körperausdruck werden bestimmte Gefühle und Inhalte miteinander verbunden. Die Kinder werden angeregt, sich mit den im Lied behandelten Ereignissen und Bewertungen zu beschäftigen oder auch nur mit Sprache zu spielen. Die augenblickliche Lebensumwelt kann einbezogen werden.

Im Folgenden möchte ich weitere Aspekte, die bei der Betrachtung von Bewegungsliedern von Bedeutung sind, im Einzelnen hervorheben.

ELEMENTARE ERFAHRUNGEN

Schon vor der Geburt macht der Embryo elementare musikalische Erfahrungen. Am Anfang steht der Rhythmus des mütterlichen Herzschlags und Atems. Durch die Bewegungen beim Gehen oder bei immer wiederkehrenden Bewegungsabläufen entstehen Impulse. Die Geräusche von außen, z. B. von Musik aus dem Lautsprecher, erzeugen erste sinnliche Erlebnisse. Einige Untersuchungen haben übrigens gezeigt, dass das Ungeborene auf verschiedene Musik ganz unterschiedlich reagiert: Musik von Mozart und Vivaldi etwa wirkt beruhigend, bei Popmusik, aber auch bei Beethoven und Brahms, fängt es an zu treten.

Später eignet sich das Kleinkind beim Schaukeln, Krabbeln und dann beim Laufen ein Bewegungsrepertoire an, das vor allem rhythmisch strukturiert ist. Gleiche Bewegungsabläufe werden weitgehend positiv erlebt, geben sie doch dem Kind Sicherheit in seiner Entwicklung.

Es entstehen erste Vorstellungen von wiederkehrenden Abläufen, z. B. wenn ein Baby nach mehrmaligen Versuchen mit «Hoppe, hoppe Reiter» seine Vorfreude jeweils an der bestimmten Stelle, bevor das «Plumps» kommt, ausdrückt.

EMOTIONALE WIRKUNG UND MOTORISCHE BEDÜRFNISSE

Jeder kann am eigenen Leib spüren, dass Musik eine große emotionale Wirkung hat. Sie kann uns in freudige Erregung oder unerträgliche Spannung versetzen. Lange vor dem Spracherwerb können Gefühlszustände wie Ausgelassenheit oder Trauer musikalisch empfunden werden. Jeder kennt die beruhigende Wirkung von Wiegen- und Einschlafliedern. Gleichmäßige Geräusche, wie das Fahren im Kinderwagen oder die Motorgeräusche eines Autos, können ebenfalls stimulierende Wirkung haben. Auf der anderen Seite können z. B. Disco-Musik oder impulsive Kinderlieder zu freien Bewegungen und zum Tanzen anregen.

Sich bewegen heißt auch, sich die Umwelt aneignen. Es gibt im Kleinkinderalter noch eine enge Wechselwirkung von kognitiven und motorischen Fähigkeiten. In den ersten Lebensjahren wird das Wahrgenommene oft mit dem Körper ausgedrückt. Schrittweise vergrößert das Kleinkind seine Kreise. Es erfasst und begreift seine Umwelt im wahrsten Sinne des Wortes und macht auch seine leidvollen Erfahrungen. Hinfallen und Schmerz gehören dazu. Im Wechselspiel zwischen motorischen Bedürfnissen und Erfahrungen mit der näheren Umgebung sucht das Kind seinen Weg nach dem Prinzip «learning by doing». Allerdings ist sein Bewegungsdrang meist größer, als es die Erwachsenen zulassen. Dabei spielen emotionale Gegenpole eine wichtige Rolle. Wenn das Kind «in Fahrt» ist und sich ausgetobt hat, braucht es auch wieder Ruhe und Entspannung. Zum Wachsein gehören auch das Müdewerden und der Schlaf. Wenn es gilt, ein schwieriges Problem oder eine unangenehme Situation zu bewältigen, so wird meist nach der Auflösung ein zufriedener Gefühlszustand eintreten.

Wichtig ist dabei, ein positives Körpergefühl zu entwickeln, das von den Bezugspersonen gefördert werden sollte.

ERLEBEN VON MUSIKALISCHEN GRUNDSTRUKTUREN

Jede menschliche Stimme hat verschiedene Eigenschaften. Sie kann schreien, flüstern, singen, summen, brummen, kieksen, lachen, weinen. Die Stimme ist das erste Instrument. Kinder im Alter von zwei bis drei Jahren können schon Melodien nachsingen. Kinder können bereits einfache musikalische Strukturen verstehen und nachahmen. So kann

Musik rhythmisch betont oder mit langen Tönen gestaltet werden. Mit wenigen Ausdrucksformen (Klang der Stimme, Einsatz von Pausen, be-«swingt» oder sehr «gerade» gesungen) gelingt es, dasselbe Liedmaterial zu variieren. Tiefe und getragene Töne wirken z. B. beruhigend, während hohe und schnelle Töne Hektik verbreiten.

Musikalische Früherziehung und Bewegungsangebote können diese musikalischen Strukturen aufgreifen und zu einer musikpädagogischen Arbeit hinführen. Hier kommen den Krabbel-Gruppen und Eltern-Kind-Angeboten, aber auch der Vorschulpädagogik im Kindergarten eine besondere Rolle zu. Spielerisch wird gelernt, wie die Wirklichkeit beschaffen ist.

BEWEGUNGSLIEDER ZU HAUSE ODER IN DER GRUPPE EINSETZEN

Früher gab es für Kinder sehr viel mehr Möglichkeiten, sich außer Haus zu treffen. Ihre Lieder, Kinderverse und Bewegungsspiele konnten sie auf der Straße austauschen. Heute ist der Spielraum für Kinder draußen – insbesondere in der Stadt – weitgehend begrenzt. Deshalb müssen diese Aktivitäten oftmals initiiert werden. Viele Kinder wachsen zudem allein auf, teilweise mit nur einem Elternteil oder einem häufig abwesenden Vater.

Zunächst in Eltern-Kind-Gruppen, später im Kindergarten und oft auch mit den Freunden in der elterlichen Wohnung oder bei gemeinsamen Unternehmungen haben die Kleinen bald auch mit anderen Kindern zu tun. Unter diesen kommunikativen Aspekten bieten sich Bewegungslieder hervorragend an, Sozialverhalten in der Gruppe auszuprobieren und einzuüben.

Auch in der *sonderpädagogischen* und *interkulturellen* Arbeit hat das Bewegungslied einen großen Stellenwert. Durch die ganzheitliche Sichtweise können beim Zusammenspiel von Musik, Bewegung und Sprache unterschiedliche Schwerpunkte gesetzt werden. Gibt es Störungen im motorischen oder sprachlichen Bereich, kann die emotional-musikalische Seite verstärkt herangezogen werden, um neue Zugehensweisen und Lernfelder zu erschließen, z. B. gibt es einen engen Zusammenhang zwischen Feinmotorik und Sprachverhalten: So strampelt das Baby beim ersten Lallen. Auch der Schulanfänger unterstützt noch das Schreiben durch Mitsprechen. Die gefühlsbetonte Ansprache über Musik und deren bewegungsauslösende Wirkung kann helfen, gehemmte Kinder zu aktivieren oder überaktive Kinder zu beruhigen.

In der interkulturellen Arbeit können Bewegungsspiele und Spiellieder aus den Herkunftsländern von ausländischen Kindern – vielleicht sogar begleitet mit dort gebräuchlichen Instrumenten – aufgegriffen werden. Erst allmählich werden auch deutsche Texte herangezogen. Dabei können Nonsens-Lieder oder Songs mit reduziertem Vokabular eine große Rolle spielen (siehe Kapitel «Quatsch mit Soße»).

Die im vorliegenden Buch gegebenen Spielanregungen können meist verschieden umgesetzt werden. Für Kleinkinder gibt es bei einigen Liedern Vorschläge für die Zeit vor dem Kindergarten: zu Hause, in einer Eltern-Kind-Gruppe oder in entsprechenden Einrichtungen. Die Bewegungsspiele können im Raum, als Kreis-, Reihen- und Partnerspiel oder als Solo-Darbietung gestaltet werden.

Der Übergang zu Bewegungsspielen, die ohne Musik auskommen, ist fließend. Viele Liedtexte können auch gesprochen mit den entsprechenden Bewegungsaufforderungen in Szene gesetzt werden.

Fast alle Bewegungsanregungen kommen ohne zusätzliche Materialien aus, jedoch können auch Tücher, Stäbe, Bälle, Reifen, Luftballons problemlos zusätzlich verwendet werden.

Bei der Anleitung von Bewegungsliedern lassen sich grob fünf Varianten unterscheiden:
1. Der Erwachsene führt mit dem Kind den Bewegungsablauf durch (z. B. als Kniereiter, auf den Schultern, im gemischten Kind-Erwachsenen-Kreis), indem er hilft, die Bewegung auszuführen.
2. Die Bewegungen werden von den Kindern gleichzeitig mit dem anleitenden Erwachsenen ausgeführt (Imitation).
3. Die Kinder wiederholen allein oder in der Gruppe eigenständig die Bewegungen. Der Gesang kann dabei mit einbezogen werden.
4. Die Kinder entwickeln im vorgegebenen Rahmen eigenständige Bewegungs- und Musikinterpretationen.
5. Es werden freie Improvisationen ausgeführt.

Bei der Aufzeichnung der Noten wird der Tonumfang von Kindern berücksichtigt. Es macht sicher einigen Erwachsene Mühe, so hoch zu singen. Aber für Kinder ist das gerade richtig. Wer in einer anderen Tonart singen will, benutzt am besten eine gängige Transponiertabelle. (Ausführliche Hinweise hierzu und zum Gebrauch des Kapodasters für diejenigen, die mit der Gitarre begleiten, habe ich zusammen mit Bernd Meyerholz in den beiden Büchern «Kinderlieder zum Einsteigen und Abfahren» 1 und 2 dargestellt. Der erste Band ist mit einfachen Liedern als aufbauender Gitarrenkurs, der zweite Band mit Kinderliedern zu besonderen Gelegenheiten vom «Aufwachen und Loslegen» bis «Zeit zum Kuscheln» mit den entsprechenden Gitarrenbegleitungen zusammengestellt.)

Berücksichtigen Sie bei der Auswahl und Gestaltung der Bewegungslieder immer Interesse und Entwicklungsstand der Kinder-(Gruppe). Auf ein und dasselbe Lied werden die Kinder ganz unterschiedlich reagieren. Manchmal ist es sinnvoll, erst zu singen, dann die Bewegungen auszuführen und schließlich noch eine Instrumentenbegleitung hinzuzunehmen. Ein anderes Mal kommen Sie am besten an, wenn Sie sofort mit den Bewegungen loslegen.

Lieder können dazu dienen, die Konzentration zu fördern. Es gibt ja nicht nur etwas zu hören, sondern auch zu sehen und zu empfinden. Vielleicht üben Sie mit den Kindern für eine kleine Vorführung, denn für viele Kinder ist es ein tolles Erlebnis, nach einem gelungenen Auftritt Applaus zu erhalten.

Denken Sie daran, dass Anfang und Ende des Bewegungsliedes für alle Kinder klar erkennbar sein müssen. Dafür vereinbaren Sie am besten musikalische oder körperliche Signale. Wenn ein Bewegungslied «sitzt», haben die Kinder vielleicht Spaß daran, sich ganz andere Abläufe auszudenken und umzusetzen.

ZU DEN EINZELNEN KAPITELN

Wichtig bei der Liedauswahl war mir, dass
- die Texte an die Alltagswelt der Kinder anknüpfen und nicht überfordern;
- die Inhalte Spaß machen, witzig sind und möglichst ohne erhobenen Zeigefinger auskommen;
- die Liedertexte mit den Körperdarstellungen die Phantasie anregen;
- weder «heile Welt» dargestellt noch ein überkommenes Rollenklischee weitergegeben wird;
- auch kleinere Kinder den Bewegungsablauf nachvollziehen und mit wenig Übungsaufwand direkt darstellen können.

Von Kopf bis Fuß

Es geht mit den elementaren «Körperinstrumenten» los: Die Hände können schnipsen, klatschen, reiben, etwas darstellen, und die Füße können stampfen, trampeln, schleichen. Der Mund kann viele Geräusche machen und mit der Zunge schnalzen, pusten, sprechen, singen etc. Es gibt vielfältige Möglichkeiten, Klanggesten spielerisch zu gestalten und vom eigenen Körperinstrumentarium auszugehen.

Alle meine Tiere

Kleine Kinder ahmen sehr gerne Tiere nach, denn viele Tiere sind auch so klein wie sie oder sogar noch winziger. Die Tierbewegungen sind aus dem Zoo oder von Haustieren bekannt. Die Tiere müssen gefüttert werden oder auch einmal schlafen. Sie haben verschiedene Eigenschaften und Verhaltensweisen, die mit Freude einmal ausprobiert werden. Eigene Bedürfnisse, Empfindungen und Wünsche können durch Tierdarstellungen ausgedrückt werden.

Es dreht sich und bewegt sich

Alles, was sich dreht und bewegt, übt auf Kinder eine große Faszination aus: Autos, Flugzeuge, Eisenbahnen, aber auch die Maschinen und Geräte im Haus, die aus dem Alltagsleben nicht mehr wegzudenken sind.

Quatsch mit Soße

Nonsens und verrückte Silben können helfen, den Rhythmus der Sprache auf wesentliche Elemente zu reduzieren. Kinder haben viel Spaß an Quatsch und Unsinn – die Erwachsenenwelt ist ja sooo vernünftig!

Langsam und leise

Kinder sind oft sehr aufgedreht, und wir Erwachsenen (aber auch manches Kind!) nehmen dankbar Anregungen und Spiele zur Beruhigung und Entspannung auf. Bewegung hat ja nicht automatisch etwas mit schnellem Tempo zu tun. «Zeitlupe»-Anregungen und ruhige Spielideen helfen außerdem, die Aufmerksamkeit und die Konzentration zu fördern.

Lebhaft und manchmal etwas lauter

Für diese Spiele brauchen wir etwas mehr Platz. Bei den ganz «turbulenten» Bewegungsliedern kann es auch schon mal passieren, dass die Kinder richtig außer Puste kommen. Es ist meines Erachtens nicht so gut, diesen «Action»-Teil schon an den Anfang der Gruppenarbeit zu legen, denn danach sind die Kinder oft sehr aufgedreht. Anschließend sollte man lieber eine Pause einlegen. Auch wenn die temporeichen Spiele gegen Ende kommen, gelingt es vielleicht ja trotzdem, die Kinder nochmal zur Ruhe zu bekommen und dann mit einem «leisen» Schluss nach Hause zu schicken.

Danken möchte ich für Hinweise und Unterstützung:

Franz Amrhein, Clemens Böhlen, Sabine Hoffmann vom Kinderhaus Mainz, Claudia Fischer vom Kinderturnen Rüsselsheim, Susanne Heine, Siegried Heisst, Bernhard Hering, Reinhild Kleinlein, Eberhard Metsch, Uli Meyerholz, Bernd Meyerholz, Robert Metcalf, Gisela Müller-Budde, Stefan Ölke, Carola Rupp vom Kinderturnen Groß-Gerau, Brigitte Schanz-Hering, Barbara Schubert, Michael Widmer.

Literaturauswahl

Gerda Bächli: *Zirkus Zottelbär – 25 Lieder zum Spielen, Darstellen, Tanzen und Musizieren.* Zürich 1985

Ursula Barff: *Lauter tolle Sachen, die Kinder machen.* Niedernhausen / Ts. 1993

Hans Günther Bastian: *Kinder optimal fördern – mit Musik.* Mainz 2001

Gabriele Däschner: *Miteinander im Kleinstkindalter.* Bielefeld 1992

Elfriede Feudel: *Durchbruch zum Rhythmischen in der Erziehung.* Stuttgart 1949

Ursula Gebhard / Michael Kugler: *Didaktik der elementaren Musik- und Bewegungserziehung.* München 1979

Brita Glathe / Hannelore Krause-Wichert: *Rhythmik – Grundlagen und Praxis.* Seelze-Velber 1989

Regina Grabbet: *Laufen, Toben, Springen ... Loben. Bewegungsspiele in Kindergruppen.* Offenbach / M. 1987

Hermann Große-Jäger: *Tanzen in der Grundschule.* (Buch und CD) Boppard 1992

Wolfgang Hering: *Kinderleichte Kanons.* (Buch inkl. CD, MC) Münster 1996

Wolfgang Hering: *Spiellieder mit Pfiff.* Reinbek 1999 (rororo 60610)

Wolfgang Hering: *Aquaka della oma. 88 alte und neue Klatsch- und Klanggeschichten.* (Buch inkl. CD, MC) Münster 2002[3]

Wolfgang Hering: *Kunterbunte Bewegungshits.* (Buch, CD, Playback-CD) Münster 2002

Wolfgang Hering / Bernd Meyerholz: *Kunterbunt – Komm, wir spielen.* Boppard 1984

Wolfgang Hering / Bernd Meyerholz: *Kinderlieder zum Einsteigen und Abfahren.* (Buch und CD) Bonn-Bad Godesberg 1986

Wolfgang Hering / Bernd Meyerholz: *Kinderlieder zum Einsteigen und Abfahren 2.* (Buch und CD) Bonn-Bad Godesberg 1994

Gudrun Kauffmann: *Musizieren und Spielen mit Kindern, Rhythmik im Kindergarten.* Gütersloh 1985

Dieter Kellermann: *Spiele für Kleinkinder.* Niedernhausen / Taunus 1982

Georg Klusmann: *Vom Baby zum Kleinkind.* Bielefeld 1983

Heidemarie Kohlen: *Spiellieder und Abzählreime aus dem Ruhrgebiet.* Stuttgart / Witten 1986

Christa Konietzko: *Sing-, Kreis-, Finger- und Bewegungsspiele zur Förderung des entwicklungsgestörten und des behinderten Kindes.* Ravensburg 1978

Dagmar Köppen / Brigitte Riess: *Mal sehen, ob unsere Füße hören können.* Weinheim / Basel 1990

Margit Lambach: *Miniclubs und Zipfelmützen.* Wuppertal 1999

Rosmarie Metzenthin: *Schöpferisch Spielen und Bewegen.* Zürich / Schwäbisch Hall 1983

Waltraud Meusel / Krista Mertens: *Allerlei Bewegung – Spielen, Tanzen, Musizieren.* Dortmund 1992

Ulrike Meyerholz / Susi Reichle-Ernst: *Einfach lostanzen.* (Buch und CD) Bern 1992

Ulrike Meyerholz / Susi Reichle-Ernst: *Heiße Füße, Zaubergrüße.* (Buch inkl. CD) Bern 1998

Anne-Bärbel Münchmeier: *Spielen mit kleinen Kindern und Babys.* Reinbek 1985 (rororo 7900)

Gudrun Schaefer: *Rhythmik als interaktionspädagogisches Konzept.* Solingen 1992

Elisabeth Salzer: *Rundherum im Kreis. Beliebte Kreisspiele.* München 1984

Elisabeth Seippel: *Tanzen im Kindergarten.* (Buch und CD) Boppard 2000

Franz und Renate Steiner: *Spiele, Spaß und irgendwas.* Linz 1991

Trio Kunterbunt (Hg.): *Lieder zum Turnen und Toben.* Aachen 2000

Frederik Vahle: *Kinderlied.* Weinheim / Basel 1992

Renate Zimmer: *Spielformen des Tanzens.* Dortmund 1991

Alphabetisches Register der Lieder

Aram sam sam 76
Auf der grünen Wiese 114

Babalu-Tanz 96

Cowboy Bill 118

Das Taubenhaus 54
Das Tickitackitucki-Häuschen 88
Der Kakadu 86
Die kleine freche Spinne 38
Die kleine Hexe 112
Die kleinen Marionetten 98
Die kleine und die große Ente 36
Die Pepperbillies 64
Die Waschmaschine läuft 70
Du, komm zu mir 44

Ein Finger, ein Daumen 22
Ein kleines graues Eselchen 52
Eisenbahn, Eisenbahn 60

Fahren, fahren, fahren 68

Hallo, guten Morgen 10
Hoch am Himmel 122
Hörst du die Regenwürmer husten 82
Hört mal 28

Ich flieg mit meinem Flugzeug 66
Ich ging zum Doktor Wulle 80
Im Keller ist es duster 97

Katz und Maus 120
Keine Kunst 13
Komm, wir spielen 106
Kopf und Schulter 16

Leise, wie die Kätzchen schleichen 94
Lied der Frösche 46

Meine Hände sind verschwunden 20
Mein Hut, der hat drei Ecken 84
Mein kleiner Flummiball 72

Nimm den Hut 95

Oh heppo di taja he 78

Schaukeln auf dem Meer 58
Schmetterling, du kleines Ding 50
Schubidua-Tanz 30
Spiel der Hände 24
Sternenfänger 109

Wir tanzen im grünen Gras 116
Wir wollen heute Schlitten fahren 124

Zaubermeister Zarobald 92
Zehn kleine Zappelmänner 18
Zug der kleinen Schnecken 102
Zwei lange Schlangen 40

Über den Autor

Wolfgang Hering, Jg. 1954, ist verheiratet und hat einen Sohn (Jg. 1991) und eine Tochter (Jg. 1994). Der Diplompädagoge arbeitete als städtischer Jugendpfleger und Bildungsreferent. Nach dem Erziehungsurlaub entschloss er sich, sein Hobby zum Beruf zu machen und ist seitdem freiberuflich im musik- und sozialpädagogischen Bereich tätig.

Seit 1980 schreiben, singen und spielen Wolfgang Hering und Bernd Meyerholz zusammen und produzieren Lieder für Kinderkassetten und CDs, für Bücher und Hörspiele. 1984 kam Schlagzeuger Bernhard Hering dazu: Das Trio KUNTERBUNT war geboren. Wolfgang Hering ist außerdem Dozent an verschiedenen Fortbildungseinrichtungen und Goethe-Instituten. Er bietet Fachberatungen/ Fortbildungen für Kindergärten, Familienbildungsstätten, Schulen, Kinderturn-Angebote und andere Einrichtungen an. Themenorientierte Projekte sind u. a. für Krankenkassen und den Deutschen Turnerbund entstanden. Bei seinen Auslandsengagements besuchte er deutsche Schulen in Mittelamerika und im Nahen Osten.

Die Bücher von Wolfgang Hering erscheinen vor allem bei Ökotopia und rororo «Mit Kindern leben» (siehe Literaturauswahl), seine Tonträger bei Ökotopia und Deutsche Grammophon.

Wolfgang Hering – unterwegs

Im Internet sind die Angebote und aktuellen Termine des beliebten Kinderliedermachers zu finden. Sein Programm umfasst:

- Konzerte für Kinder ab vier Jahren. Im Gepäck hat Wolfgang Hering Evergreens und beliebte Spiellieder.
- Konzerte für Kinder ab sechs Jahren. Im Mittelpunkt stehen poppige Lieder mit witzigen Texten und vielen Möglichkeiten zum Mitmachen.
- Konzert für klitzekleine Riesen ab zwei Jahren – für Eltern-Kind-Gruppen und Spielkreise. Das Programm richtet sich an Erwachsene mit ihren Kindern.
- Trio KUNTERBUNT & Verstärkung. Die Gruppe spielt in verschiedenen Besetzungen, in der Vorweihnachtszeit gibt es das Programm: «Auf die Plätzchen, fertig, los».
- Seminare und Workshops für ältere Jugendliche können im Rahmen z. B. von Ferienspielaktionen oder Freizeiten abgesprochen werden.
- Workshops/Fortbildungen für Erzieherinnen, Lehrerinnen und Eltern, z. B. «Bewegungslieder und Spiele», «Rhythmische Spielideen, Geschichten zum Mitmachen, Bewegungsgedichte und Fingerspiele», «Klatsch- und Klanggeschichten mit und ohne Instrumente».

Kontakt

www.wolfganghering.de